Hello 베이비 Hi 맘 2

Hello 베이비 Hi맘 2

김린·서현주 지음

김린·서현주의 자신만만 엄마표 영어

한울림

Prologue

22년 전 독자들에게 첫선을 보인 《Hello 베이비 Hi 맘》은 우리 저자들에게도 참 의미 있는 작업이었다. 아이와 영어로 소통하고 싶은 부모님들에게 우리의 첫 책이 든든한 길잡이가 되어주었다는 인사를 들을 때마다 감사한 마음과 함께 뿌듯함을 느낀다.

이토록 뜨겁고 변함없는 지지와 사랑을 보내주시는 독자들에게 좀 더 도움이 되고 싶다는 마음에서 《Hello 베이비 Hi 맘 2》를 쓰기로 마음먹었다. 아이를 사교육에 맡기지 않고 직접 가르치는 부모님들에게 실질적인 도움이 됐으면 하는 바람에서 구성과 표현을 수정하길 수차례. 후속권 작업에 4년이 넘는 시간이 걸렸다. 그사이 기존 책을 전면 개정해 새로운 모습으로 독자들과 만나기도 했다. 절대 짧지 않은 4년이란 시간 동안 원고에 매달릴 수 있었던 건 《Hello 베이비 Hi 맘 1》의 다음 단계, 즉 엄마와

긴 대화가 가능하고, 추상적인 단어를 구사하고, 자기 의견을 말할 수 있는 언어 수준에 있는 아이, 또 시기적으로 유치원과 학교에 다니기 시작하면서 더 넓은 세상을 경험하는 아이와 나눌 수 있는 표현을 담은 책이 있으면 좋겠다는 독자들의 강력한 바람 덕분임을 밝혀둔다.

엄마 품에 있으면서 엄마 아빠, 가족이 세상 전부라고 생각했던 아이는 성장하면서 보다 넓은 세상으로 한 발 나아가게 된다. 집 밖으로 나간 아이들은 친구나 선생님과 소통하면서 생각과 표현이 무럭무럭 자라고, 자신의 의견을 뚜렷하게 말하고, 세상일에 의문을 품고 집요하게 '왜?'라는 질문을 던지기도 한다. '싫어!'라는 아이의 의사 표현은 부모님들에게 있어서 좌절의 순간일 수도 있지만, 한편으로는 독립성을 체득해가는 과정의 증거이기도 하다.

《Hello 베이비 Hi 맘 2》는 그런 아이들의 성장 과정을 반영하고, 바람직한 생활습관과 올바른 가치관을 길러줄 수 있는 대화문들로 채우기 위해 끊임없이 고민한 저자들의 결과물이다. 아울러 전편과 마찬가지로 엄마의 따뜻한 시선과 사랑이 아이에게 고스란히 전해질 수 있는 표현들을 고르고 골라 세심하게 다듬었다.

《Hello 베이비 Hi 맘》 출간 이후 참으로 많은 일들이 있었다. 개인적으로 교수직을 은퇴하였고, 엄마에서 할머니가 되었다. 손주들을 보면서 아들딸에겐 미처 해주지 못한 것을 깨달을 때마다 아쉬움을 스쳐 지나곤 한다. 알다시피 부모가 되는 것은 쉬운 일이 아니다. 매 순간 아이를 위해 최선을 다한다고 생각하지만, 지나고 돌이켜보면 놓쳐버린 시간에 후회가 생기기도 한다. 그렇지만 살면서 깨달은 가장 중요한 진리는 아이를 무한한 사랑으로 대해야 한다는 것이다. 아이들을 가르칠 때도 지나치게 무언가를 요구하거나 강요할 것이 아니라 사랑으로 가르쳐야 한다.

특히 아이와 영어로 대화를 나눌 때는 더더욱 그렇다. 아이의 말을 수용하고 포용하는 엄마의 태도가 무엇보다 중요하다. 아이가 영어를 또 다른 공부로 인식해버리면 엄마표 영어로서의 효용은 사라질 게 뻔하다. 그러니 어떤 상황에서건 사랑으로 가르치고 소통해야 한다는 사실을 잊지 말자. 서로의 애정을 표현하는 사랑의 대화는 부모 자녀 간에 평생 지속 가능한 재미있는 이벤트가 되기도 하니까 말이다.

끝으로 아이의 영어 공부를 위해 이 책을 펼쳐 든 여러분들의 도전과 노력에 박수를 보내며, 아이와 즐겁게 영어로 대화하는 그날까지 포기하지 않고 한 걸음씩 앞으로 나아가길 응원한다.

Lynne L. Kim

Contents

Prologue 7

Chapter 1
Getting Familiar with English
영어랑 친해지기

책놀이	16
몸놀이	18
미술놀이	20
음악놀이	22
연극놀이	24
요리놀이	26
수학놀이	28
과학놀이	30
말놀이 1: 만약에	32
말놀이 2: 공통점 찾기	34
말놀이 3: 스무고개	36

Chapter 2
Making Full Use of English Books
영어책 100퍼센트 활용하기

책 내용 유추하기	40
번갈아 읽기	42
소리 내서 읽고 생각하기	44
들으면서 읽기	46
듣고 따라 읽기	48
스토리맵 작성하기	50
독서 기록 정리하기	52
책 소개하기	54
작가와 소통하기	56
책 읽는 영상 녹화하기	58

Chapter 4
Enjoying Diverse Experiences in English
영어와 함께 다양한 경험 쌓기

박물관 방문하기	86
미술관 방문하기	88
과학관 체험하기	90
동물원 방문하기	92
공연 관람하기	94
스포츠 경기 관람하기	96
도서관 이용하기	98
여행 준비하기	100
생일 파티에 친구 초대하기	102
크리스마스 파티 준비하기	105
핼러윈 축제 즐기기	108
설날맞이	111
추석맞이	112

Chapter 3
Systematically Developing English Skills
체계적으로 영어 실력 키우기

알파벳과 파닉스 익히기	62
라임 찾기	64
단어 찾기 게임	66
단어 빙고 게임	68
문장 수집하기	72
일기 쓰기	76
이메일 쓰기	78
온라인 프로그램 이용하기	80
아이와 함께 정보 찾기	82

Chapter 5
English Expressions for a Joyful School Life
즐거운 학교생활을 돕는 영어 표현

등교 준비하기	116
학교생활 묻기	118
숙제하기	120
발표하기	122
친구랑 사이좋게 지내기	124
방학 계획 세우기	126
현장학습 참여하기	129
운동회 참여하기	130

Chapter 6
Talking about the Value of Righteous Living
올바른 가치관에 대해 이야기 나누기

집안일 돕기	134
건강에 좋은 습관 기르기	136
교통안전 지키기	138
경제관념 키우기	140
반려동물 돌보기	142
환경에 대해 생각하기	144
성에 대해 이야기하기	148
꿈에 대해 이야기하기	150

Chapter 7
English Expressions to Deal with Your Kids' Emotions
아이의 감정을 다루는 영어 표현

학교에 가기 싫다고 할 때	154
참을성이 부족할 때	155
무분별하게 스마트폰을 쓸 때	156
형제끼리 싸웠을 때	158
무서움을 많이 탈 때	160
거짓말을 할 때	162
화를 내거나 슬퍼할 때	164
결과가 좋지 않을 때	166
불평불만이 많을 때	168
약속을 지키지 않을 때	170
자신감이 부족할 때	172
상실감을 느낄 때	174

Chapter 8
Most Common Expressions
엄마랑 아이랑 가장 많이 쓰는 영어 대화

Epilogue   202

부록
Worksheet

'Worksheet 파일 전체 다운로드' 버튼을 누르면
워크시트 파일을 한꺼번에 내려받을 수 있습니다.

'MP3 파일 전체 다운로드' 버튼을 누르면
음원파일을 한꺼번에 내려받을 수 있습니다.

> **책놀이**
>
> # We'll make a train with some books.
> 책으로 기차를 만드는 거야.

아이가 영어책에 흥미를 갖도록 다양한 책놀이를 함께 해보세요. 책을 장난감 삼아 놀면서 책과 친해지고, 책이 가진 다양성을 발견할 수 있습니다.

Should we play a game with our books?
엄마랑 책놀이 할까?

We'll make a train with some books.
책으로 기차를 만드는 거야.

I'm going to explain how to play the game.
엄마가 놀이 방법을 설명해줄게.

First, we look for books that have something in common.
먼저 공통점을 가진 책을 찾는 거야.

Then we line them up like train cars.
그런 다음 그걸 기차 칸처럼 줄을 세우면 돼.

How are these books similar?
이 책들은 어떤 점에서 비슷할까?

 They're both blue.
둘 다 파란색이에요.

Right. They both have blue covers.
맞아, 둘 다 표지가 파란색이지.

You can line up books that are similar this way.
이렇게 비슷한 책끼리 줄을 세우면 돼.

Let's find more books we can line up.
이을 수 있는 다른 책들을 찾아보자.

What do these books have in common?
이 책들의 공통점은 뭘까?

Yes, both books have the same author.
OR the same person wrote these books.
그래, 둘 다 같은 작가가 쓴 책이야. / 같은 사람이 쓴 책이야.

Well done! You can keep going on.
잘했어! 그렇게 계속하면 돼.

It looks like a train that goes from the living room to the kitchen.
거실부터 부엌까지 이어진 기차 같아.

 **다양한 책놀이 표현**

We'll play dominos with books.   책으로 도미노 놀이를 할 거야.
We'll cover the table with books.   책으로 탁자를 덮을 거야.
We'll arrange books in a row.   책으로 줄을 세울 거야.
We'll stack books up high.   책을 높이 쌓을 거야.

몸놀이

If I say "Jump," you jump.
"뛰어!" 하면 뛰는 거야.

동작을 지시하는 말을 듣고 몸으로 표현하는 놀이를 통해 신체와 움직임에 관한 표현을 재미있게 배울 수 있습니다.

How about we play a new game? You have to do what I say exactly.
우리 새로운 게임 하나 해볼까? 엄마가 말하는 대로 따라 하면 돼.

For example, if I say "Jump," you jump.
예를 들어, '뛰어!' 하면 뛰는 거야.

Wiggle your fingers.
손가락을 꼼지락꼼지락 해봐.

Stretch out your arms.
OR Stretch your arms out.
양팔을 뻗어봐.

Turn your head slowly to the right.
머리를 오른쪽으로 천천히 돌려봐.

Can you bend down to touch your toes?
허리를 숙여서 손이 발끝에 닿게 할 수 있니?

I can't do it well.
OR It's hard for me. / I am too stiff.
엄마는 잘 안 돼. / 엄마는 너무 뻣뻣해.

Bend your knees first, then straighten them back.
무릎을 굽혔다 펴보자.

Jump like you have springs under your feet! Bounce, bounce!

발에 스프링을 단 것처럼 뛰어봐! 콩, 콩!

Now raise your head and look up.

이제 고개 들어 위를 쳐다보기.

Hug your knees and curl up.

무릎을 안고 등을 앞으로 구부려보자.

Blink your eyes.

눈을 깜빡깜빡 해보자.

Flap your arms like a bird.

새가 날아가는 것처럼 팔을 움직여보렴.

Let's keep trying.

계속해보자.

 다양한 몸놀이 표현

Hop like a rabbit.   토끼처럼 뛰어봐.
Swim like an otter.   수달처럼 헤엄쳐 봐.
Walk like a zombie.   좀비처럼 걸어봐.
Crawl like a chameleon.   카멜레온처럼 기어봐.

> 미술놀이
>
> # Let's make a birthday card.
> 생일 축하 카드를 만들자.

미술과 관련한 표현들을 배워봅시다. 그중에서도 다양한 재료와 기법을 사용하는 만들기 활동은 아이의 창의력과 표현력을 키우는 데 많은 도움이 됩니다.

Let's make a birthday card.
생일 축하 카드를 만들자.

What shape do you want for your card? A heart? A circle?
OR What shape do you want it to be?
어떤 모양으로 카드를 만들까? 하트? 동그라미?

Where should we write "Happy Birthday"?
"생일 축하해"라는 말은 어디에 쓸까?

Do you want to draw something on it?
OR Draw something if you want.
그림을 그려 볼래? / 원하면 그림을 그려봐.

How about we add a cute photo?
카드에 예쁜 사진을 붙이는 건 어때?

Be careful not to get any paint on your clothes.
옷에 물감이 묻지 않게 조심하렴.

You'd better wear oversleeves.
OR Wearing oversleeves can be helpful.
팔토시를 끼는 게 좋겠다.

Don't worry about getting your hands dirty.
손이 더러워져도 걱정하지 마.

You can clean up with soap.
비누로 씻으면 깨끗해져.

How about folding a paper flower?
종이를 접어서 꽃을 만드는 건 어때?

You can cut or tear some paper and glue it onto the card.
카드 위에 종이를 자르거나 찢어서 붙일 수도 있어.

Be careful with the scissors so you don't hurt your hands.
가위를 쓸 땐 손을 다치지 않게 조심하렴.

Are you done?
다 했니?

 I think so. But it doesn't look perfect.
그런 것 같아요. 근데 완벽하지 않아요.

That's okay. You still did a great job!
괜찮아. 정말 잘했어!

Yeah! What an amazing card you made!
와! 정말 멋진 카드를 만들었네!

음악놀이

Should we play the song together?
그 노래를 함께 연주해볼까?

아이와 함께 악기를 연주하며 악기의 이름과 리듬, 박자 같은 음악 관련 용어들을 자연스럽게 익힐 수 있습니다

 Mom, I can play the recorder.
엄마, 저 리코더 불 줄 알아요.

Oh, really? Did you learn that at school?
와, 정말? 학교에서 배웠니?

What song did you learn?
어떤 노래를 배웠어?

 I learned *Itsy Bitsy Spider*.
'거미가 줄을 타고 올라갑니다'를 배웠어요.

Should we play the song together?
그 노래를 함께 연주해볼까?

I'll play the piano.
엄마가 피아노를 칠게.

Wow, we created a beautiful harmony.
와, 완벽한 합주였어.

We made a great team!
멋진 팀워크야!

Do you want to play another instrument?
다른 악기도 연주해볼까?

 I want to play the tambourine this time.
이번엔 탬버린을 칠래요.

Good, play it to the rhythm.
   OR **hit it to the beat of the song.**
좋아, 노래 리듬에 맞춰 탬버린을 치면 돼.

I think the beat is too slow. Let's play a little faster.
박자가 느린 것 같아. 좀 더 빨리 쳐보자.

If we play too loud, our neighbors won't be happy.
   OR **we might annoy our neighbors.**
소리가 너무 크면 이웃집에서 불평할 수도 있어. / 이웃에게 방해가 될 수 있어.

Let's try not to be so loud.
   OR **Let's keep ourselves down.**
소리를 좀 줄여보자.

 **What ~ did you learn?**   어떤 ~ 을/를 배웠어?

What game did you learn?   어떤 게임을 배웠어?
What language did you learn?   어떤 언어를 배웠어?
What skill did you learn?   어떤 기술을 배웠어?
What dance moves did you learn?   어떤 춤을 배웠어?

연극놀이

Who do you think should be the bad guy?
악역은 누가 할까?

애니메이션이나 대본으로 각색한 동화책을 가지고 연극놀이를 해보세요. 연기하면서 영어 문장을 재미있게 외우고, 오랫동안 기억할 수 있어요.

I have a script.
엄마가 대본을 준비했어.

What role do you want to play?
어떤 역할이 하고 싶니?

Try to read the lines with feeling.
OR **Try to add a feeling to it.**
감정을 더해서 읽어봐.

Act like it's your showtime.
너의 무대인 것처럼 연기해.

 What if I forgot my lines?
제 대사를 잊어버리면 어떡해요?

Don't worry. I will help you.
걱정 마. 엄마가 도와줄게.

Let's get costumes and props.
OR **Let's set up the stage and lights.**
의상이랑 소품도 준비하자. / 무대랑 조명도 준비하자.

Do you want to pick your costume?
의상은 네가 직접 골라볼래?

Who do you think should be the bad guy?
OR Who's going to play the villain?
악역은 누가 할까?

We need a supporting actor, too.
조연도 필요해.

I prepared some background music, too. I'll play it for you.
엄마가 배경음악도 준비했어. 틀어줄게.

Well, are you all set? Ready, Action!
자, 준비됐니? 레디, 액션!

Who should be/play ~   ~ 은/는 누가 할까?

Who should be the director?   감독은 누가 할까?
Who should play the leading role?   주인공은 누가 할까?
Who should play the supporting role?   조연은 누가 할까?

> **요리놀이**
>
> # Let's cut the vegetables into bite-sized pieces.
> 채소는 먹기 좋은 크기로 썰자.

간단한 음식을 만들면서 각종 재료와 도구 등 요리에 쓰이는 단어와 표현들을 쉽고 재미있게 익힐 수 있습니다.

Should we put on our aprons first?
OR Should we put our aprons on first?
앞치마부터 입을까?

We have to wash our hands, too.
손도 깨끗하게 씻어야지.

Let's check if we have all the ingredients we need.
OR Let's make sure we have everything we need.
빠진 재료는 없는지 확인해보자.

Will you peel the onions for me?
양파껍질 좀 벗겨줄래?

I am going to boil some water in the pot.
엄마는 냄비에 물을 끓일게.

Let's cut the vegetables into bite-sized pieces.
채소는 먹기 좋은 크기로 썰자.

We need to mix the ingredients well.
재료를 잘 섞어야 해.

We should lower the heat so the vegetables don't burn.
OR Let's reduce the heat
채소가 타지 않게 불을 줄이자.

This side looks done. Do you want to flip it?
한쪽이 다 익은 거 같네. 뒤집어볼래?

Both sides are turning golden brown.
양면이 노릇노릇 구워졌네.

Wow! It looks yummy.
와, 맛있겠다!

It smells good, doesn't it?
냄새가 좋지?

Which plate should we use? The red one, or the yellow one?
어느 접시에 담을까? 빨간색? 노란색?

Bon appétit!
맛있게 먹으렴.

 Enjoy your meal.
맛있게 드세요!

 맛있게 드세요!

'Bon appétit(bon: 좋은+맛있는, appétit: 식욕)!'는 프랑스어로 식사 전에 하는 인사말입니다. 한 번쯤은 영화나 드라마에서 들어본 적이 있을 거예요. 지금은 프랑스를 비롯한 서양 문화권에서 두루 쓰이는 표현이랍니다.

수학놀이

How much is 5 plus 6?
5 더하기 6은 얼마지?

수학 기호는 어느 나라 같지만, 그 기호를 읽는 법은 서로 다릅니다. 더하기, 빼기 같은 기본적인 수학 용어를 영어로는 어떻게 말하는지 배워봅니다.

Do you want to play dice with me?
엄마랑 주사위 놀이 할까?

Roll the two dice.
주사위 두 개를 굴려봐.

How many dots are there on the top sides?
OR How many dots do you see on the top faces?
윗면의 눈이 몇 개 나왔어?

Let's add the numbers on the top sides.
두 윗면의 숫자를 더해보자.

How much is 5 plus 6?
OR What is the sum of 5 and 6?
5 더하기 6은 얼마지?

Right! Try throwing the dice again.
정답! 다시 주사위들을 굴려봐.

What numbers do you see?
어떤 숫자가 나왔니?

 3 and 4.
3하고 4요.

Let's multiply the two numbers this time.
이번엔 두 수를 곱해보자.

 What does it mean?
그게 무슨 말이에요?

Imagine four threes come up.
OR Imagine you get three dots four times.
3이 4번 나온다고 생각해봐.

How many dots are they all together?
그 점들을 모두 더하면 몇 개일까?

It will be easier once you learn the multiplication tables.
나중에 구구단을 배우면 이해하기 쉬울 거야.

 사칙연산

5 + 4 = 9
Five plus four is nine.
Five and four makes nine.

2 × 5 = 10
Two times five is ten.
Two multiplied by five equals ten.

9 − 4 = 5
Nine minus four equals five.
Subtracting four from nine is five.

9 ÷ 3 = 3
Nine divided by three is three.

 과학놀이

Let's experiment to create static electricity.
정전기 만드는 실험을 해보자.

과학실험 역시 영어를 재미있게 배우는 방법 가운데 하나입니다. 실험을 하고, 결과를 정리하는 과정을 통해 과학 원리와 영어를 동시에 배울 수 있어요.

Do you remember we made a volcano?
우리 전에 화산 만들었던 거 기억하니?

 Yes, it was so real!
네. 진짜 같았어요.

Right. We made boiling lava with baking soda and vinegar.
맞아. 베이킹소다랑 식초로 끓는 용암을 만들었어.

Today, let's experiment to create static electricity.
오늘은 정전기 만드는 실험을 해보자.

I have some balloons. Can you blow one up?
풍선을 준비했어. 네가 좀 불어줄래?

Here, rub this balloon against your hair. What happens to your hair?
자, 풍선을 이렇게 머리에 문질러보렴. 머리카락이 어떻게 되지?

 My hair is dancing!
머리카락이 춤을 춰요!

Amazing, isn't it? Again, rub the balloon against your sweater.
신기하지? 다시 풍선을 스웨터에다 문질러봐.

Let's put this balloon close to the paper bits.
이 풍선을 종잇조각에 가까이 갖다 대보자.

Oh, the paper bits are sticking to the balloon!
어, 풍선에 종잇조각이 달라붙네!

Why? It's because of static electricity.
왜 그럴까? 바로 정전기 때문이야.

It's invisible, but the rubbing causes electricity.
보이지는 않지만, 마찰로 전기가 만들어진 거지.

Let's write about today's experiment in the lab report.
오늘 한 실험을 노트에 써보자.

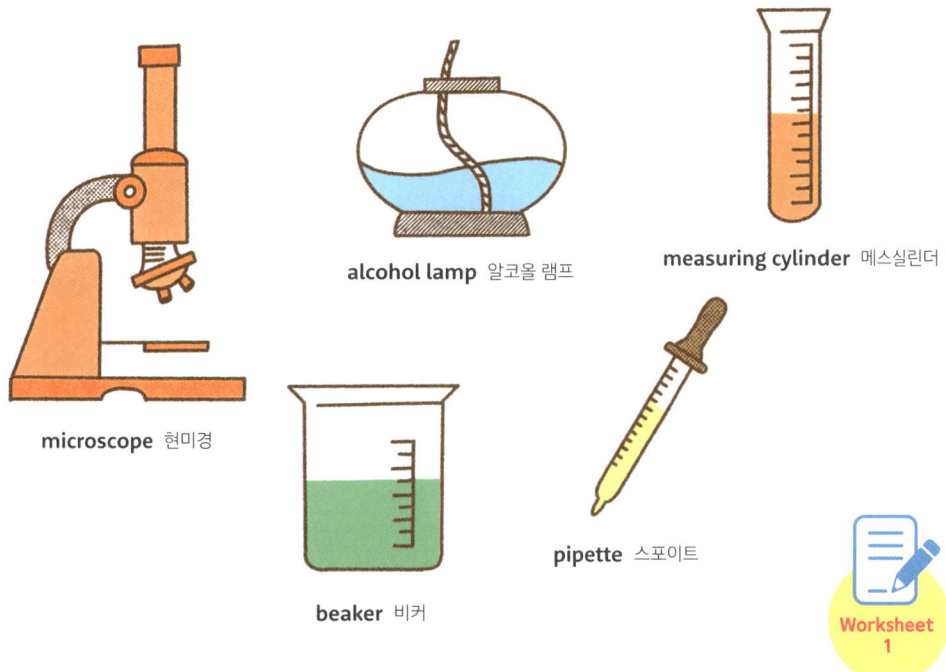

microscope 현미경
alcohol lamp 알코올 램프
measuring cylinder 메스실린더
beaker 비커
pipette 스포이트

Worksheet 1

말놀이 1: 만약에

What if I were a dolphin?
만약에 내가 돌고래라면요?

'만약에'라는 단서를 달면 현실 속 제약에서 벗어나 상상의 나래를 마음껏 펼칠 수 있습니다. 아이가 자기 생각을 자유롭게 표현할 수 있도록 이끌어주세요.

Let's be creative and think about something unique.
창의적이고 독특한 상상을 해보자.

We can let our imagination run free.
마음 가는 대로 자유롭게 상상하는 거야.

Our ideas can be strange or random.
이상하거나 엉뚱한 상상도 좋아.

Anything is possible in our minds.
OR Nothing is holding us back.
상상 속에선 무엇이든 가능하니까.

Let's think about what makes us happy.
우리를 행복하게 만드는 것들을 생각해보자.

What if you could fly in the air?
만약에 하늘을 날 수 있다면 어떨까?

I would fly all over the world and travel. How about you?
엄마는 날아서 세계 곳곳을 여행 다닐 거야. 너는 어때?

What would you do if you had an invisible cape like Harry Potter's?
OR If you were invisible
해리 포터처럼 투명 망토가 있다면 / 투명인간이 된다면, 넌 뭘 하고 싶어?

You have a lot of things you want to do!
하고 싶은 일이 정말 많구나.

Let's think about different scenarios.
이번엔 다른 상상을 해볼까?

What if I were a dolphin?
만약에 내가 돌고래라면요?

What if there were no sounds in the world?
OR What would happen if we didn't have sound?
만약에 세상에 소리가 없다면요?

That's a fascinating idea.
OR That's a very frightening idea.
정말 흥미로운 상상인걸. / 정말 무서운 상상인걸.

What would you do if you had ~
만약 네게 ~이/가 있다면 뭘 할 거야?

What would you do if you had a superpower?   만약 네게 초능력이 있다면 뭘 할 거야?
What would you do if you had a pet dog?   만약 네게 반려견이 있다면 뭘 할 거야?
What would you do if you had a magic lamp?   만약 네게 마법 램프가 있다면 뭘 할 거야?

> 말놀이 2: 공통점 찾기
>
> # What do they have in common?
> 공통점이 뭔데?

놀이는 영어에 대한 두려움과 거부감을 줄여주는 가장 좋은 도구입니다. 그중에서도 공통점 찾기는 아이의 관찰력과 유연한 사고력을 기르는 데 아주 좋은 놀이랍니다.

Should we play a game of finding similarities?
공통점 찾기 놀이 할까?

What do bananas and sunflowers have in common?
OR How are bananas and sunflowers similar?
바나나랑 해바라기랑 닮은 점이 뭘까?

 Both are yellow.
둘 다 노란색이에요.

Let's find some other pairs, too.
공통점을 가진 물건들을 더 찾아보자.

Look! These books have different colors.
이것 봐! 이 책들은 색이 달라.

But they have something in common. Can you guess what it is?
그런데 공통점이 있어. 뭔지 알겠니?

 Both are round.
둘 다 동그래요.

You're right. Their shapes are the same.
맞아. 모양이 같아.

Sometimes you may see things that look different but have something in common.
겉모습은 달라도 같은 특성을 가진 물건도 있어.

A candle and a light bulb look different, but both can light a room.
양초와 전구는 다르게 생겼지만, 둘 다 방을 밝힐 수 있지.

Can you think of any pairs like that?
이런 짝이 뭐가 더 있을까?

 A dinosaur and chocolate.
공룡이랑 초콜릿요.

What do they have in common?
공통점이 뭔데?

 It's me! I like both of them.
바로 저예요! 둘 다 내가 좋아하는 거예요.

That makes sense!
그거 말이 되네!

말놀이 3: 스무고개

Shall we play Twenty Questions?
우리 스무고개 놀이 할까?

간단한 질문과 대답을 주고받는 스무고개는 영어 실력이 부족해도 누구나 재미있게 즐길 수 있는 놀이입니다. 정답에 접근할 수 있는 다양한 질문들을 던져보세요.

Shall we play Twenty Questions?
OR How about playing Twenty Questions? / Let's play Twenty Questions!
우리 스무고개 놀이 할까?

Do you remember how to play the game?
어떻게 하는 게임인지 기억하니?

The game is to figure out what a person thinks of in twenty questions or less.
이 게임은 20개 이하의 질문으로 한 사람이 무엇을 생각하고 있는지 알아내는 게임이야.

I will guess first.
OR I will go first.
엄마가 먼저 맞혀볼게.

When I ask a question, your answer should be either 'Yes' or 'No.'
엄마가 질문을 하면, 너는 '예' 또는 '아니요'로만 답할 수 있어.

Are you ready?
준비됐니?

First question! Is it alive?
첫 번째 질문이야! 살아 있는 건가요?

Can you eat it?
먹을 수 있는 건가요?

Is it in the house?
우리 집에 있는 건가요?

Do you use it a lot?
자주 사용하는 건가요?

Do you like it?
이걸 좋아하나요?

Is it small?
크기가 작나요?

Ah! I think I know. The answer is a book!
아, 알 것 같아! 정답은 책입니다!

 You got it!
OR You're right! / You're correct!
정답입니다.

3-dimensional shapes(3D shapes) 입체도형

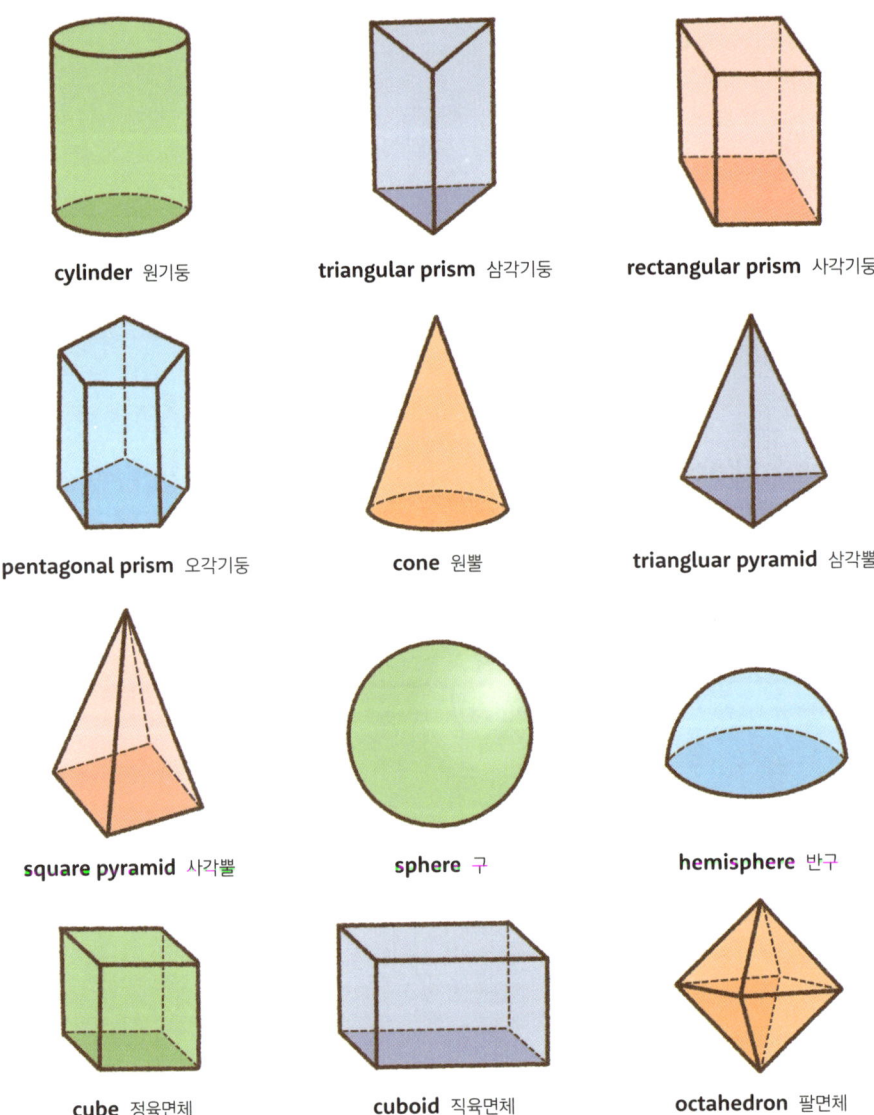

cylinder 원기둥

triangular prism 삼각기둥

rectangular prism 사각기둥

pentagonal prism 오각기둥

cone 원뿔

triangluar pyramid 삼각뿔

square pyramid 사각뿔

sphere 구

hemisphere 반구

cube 정육면체

cuboid 직육면체

octahedron 팔면체

> **책 내용 유추하기**
>
> # Can you find the main character?
> 누가 주인공 같아?

책을 읽기 전에 표지나 그림만 보고 어떤 내용일지 유추하는 활동은 추리력을 키워줄뿐더러 책에 대한 흥미를 불러일으킵니다.

Look at the cover. What do you see?
표지를 봐. 뭐가 보이니?

Let's imagine what's inside before opening the book.
책을 펴기 전에 어떤 내용일지 상상해보자.

Should we read the title?
제목을 읽어볼까?

Can you find the main character?
누가 주인공 같아?

Where is this story taking place?
어디서 이야기가 펼쳐질까?

What do you think is going to happen?
OR What kind of story would it be?
어떤 이야기일 것 같니?

Do you think this is going to be a sad or funny story?
슬픈 이야기일 것 같아, 아니면 웃기는 이야기일 것 같아?

 I think it is going to be a scary story.
무서울 것 같아요.

Why do you think so?
왜 그렇게 생각해?

 There's a monster on the cover.
표지에 괴물이 있어요.

Ah, I hear you.
그래, 그럴 수 있겠다.

Let's look at the back cover, too. It's related to the front cover.
뒤표지도 살펴보자. 앞표지랑 관련이 있어.

I like this illustrator's work. How about you?
엄마는 이 작가의 그림이 좋아. 너는 어때?

 I like it, too.
저도 좋아요.

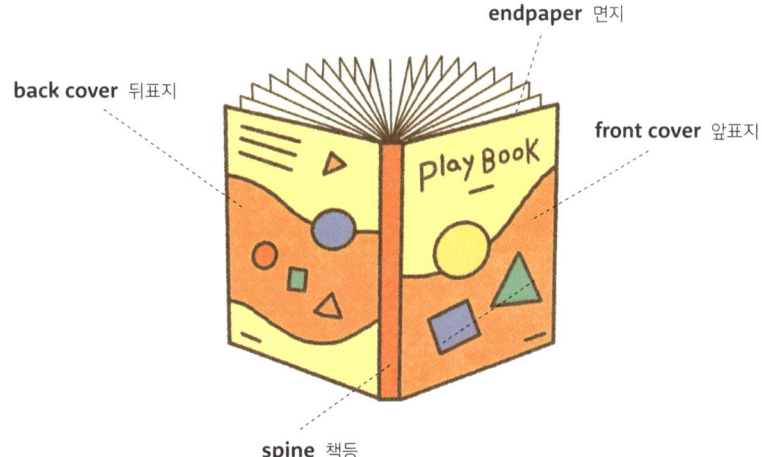

> 번갈아 읽기
>
> # It's your turn now.
> 이젠 네가 읽을 차례야.

익숙한 단어가 점점 많아질수록 소리 내어 읽고 싶은 욕구도 강해집니다. 같은 패턴의 문장이 반복되는, '예측 가능한 책(predictable Book)'을 번갈아 읽으면서 독서 경험을 점차 늘려주세요.

How about we read this book together?
이 책을 같이 읽어볼까?

I will read the left page first. Then you read the right one.
엄마가 먼저 왼쪽 페이지를 읽을게. 네가 오른쪽을 읽는 거야.

Let me know if there are any words you don't understand.
모르는 단어가 나오면 엄마한테 물어보렴.

 Yes, I will.
네, 그럴게요.

I will read it first.
엄마부터 읽을게.

It's your turn now.
이젠 네가 읽을 차례야.

Very good! It's not difficult, right?
정말 잘했어! 어렵지 않지?

Then let's go to the next page.
OR Then let's try out the next page, too.
그럼, 다음 페이지도 같이 읽어보자.

We read through the book! How do you feel about the story?

OR We areardone! What do you think?
다 읽었네! 이야기가 어땠어?

 I don't like the ending.
결말이 마음에 들지 않아요.

How did you want it to end?
그래? 어떻게 끝났으면 했는데?

 I wished for a happy ending.
해피엔딩이길 바랐어요.

 'Reading Aloud'와 'Thinking Aloud'

영어책을 읽을 때 선생님이나 엄마 아빠가 소리 내어 읽어주는 낭독(Reading Aloud)은 혼자서 읽기 어려운 아이들을 위한 읽기 시범(Modeled Reading) 활동입니다. 여기서 한발 더 나아가 아이와 책을 번갈아 읽는 활동을 함께 읽기(Shared Reading)라고 합니다. 예측 가능한 책(predictable book)을 활용해 더욱 적극적으로 읽기 활동에 참여시키는 방식이지요. 아이 혼자 영어책을 읽는 게 가능해지면 소리 내어 읽도록(Reading Aloud) 독려하며 읽기와 말하기에 자신감을 키워줍니다. 그런 다음 소리 내어 생각하기(Thinking Aloud) 활동을 통해 자기 생각을 말로 표현하도록 이끌어주세요. 책을 읽은 후 다양한 질문을 통해 자기 생각과 느낌을 말해보는 활동은 책에 대한 이해를 돕고, 영어 말하기의 동기도 부여해줍니다.

> **들으면서 읽기**
>
> # Let's read along with the audio.
> 오디오를 들으면서 읽어보자.

오디오를 들으며 읽기에는 Listen&Repeat, 청독, 쉐도잉 등 다양한 방법이 있습니다. 아이의 수준에 맞는 방법을 적절히 활용하여 읽기, 말하기에 대한 자신감을 키워주세요.

Let's read along with the audio.
오디오를 들으면서 읽어보자.

Pay attention to the audio and follow the text with your eyes.
소리가 들리는 대로 눈으로 글을 따라가면 돼.

Let's choose an easy book first.
처음엔 쉬운 책으로 해보자.

 It's too fast for me to follow.
너무 빨라서 따라가기 힘들어요.

Is it? I will replay it for you.
그래? 다시 틀어줄게.

Listen carefully and point at the part that the storyteller reads.
　　　　　　　　　　　　OR follow what you hear with your finger.
어느 부분을 읽고 있는지 손가락으로 짚어가면서 들어보자.

You can use the dictionary to look up the words you don't know.
OR You can look up the words you don't know in the dictionary.
모르는 단어는 사전에서 찾아볼 수 있어.

It's better than before, right?
아까보다 어렵지 않지?

Did you read it all?
OR Did you finish? / Are you done?
다 읽었니?

I wonder what kind of story it was. Can you tell me about it?
OR Can you tell me what kind of story it was?
어떤 이야기인지 궁금하네. 엄마한테 말해줄 수 있니?

Keep trying, and you will be able to read on your own.
OR all by yourself.

계속 노력하면 혼자 읽을 수 있게 될 거야.

 청독

청독은 엄마표 영어에서 흔히 '집중듣기'라는 이름으로 알려져 있는데, 정확히는 '들으면서 읽기(Reading While Listening)' 혹은 '읽으면서 듣기(Listening While Reading)'를 뜻하는 용어입니다. 읽기 단계에 따라 읽는 방법도 다양하게 나뉘는데 소리 내서 읽는 낭독(oral reading / reading aloud), 소리를 내지 않고 읽는 묵독(silent reading)과 달리 청독은 오디오를 틀어놓고 눈으로 읽는 방식을 말합니다. 청독도 세분화하면 소리 내서 따라 읽는 방식(reading while listening)과 청묵독(silent reading while listening)으로 나눌 수 있지만 보통 청독이라는 큰 범주 안에서 구분없이 사용합니다.

> **듣고 따라 읽기**
>
> # We will go by what we hear.
> 소리만 듣고 따라 하는 거야.

처음 영어쉐도잉을 할 때는 아이가 충분히 수행할 만한 수준의 텍스트를 골라서 하루에 한 개씩 부담 없이 시작하는 것이 좋습니다.

Let's read aloud the book with the audio.
오디오를 들으면서 책을 소리 내어 읽어보자.

Repeat what you hear.
오디오와 동시에 읽어보는 거야.

It is like we are the shadows of the storyteller.
마치 우리가 스토리텔러의 그림자가 된 것처럼 말이야.

So, we call this activity shadowing.
그래서 이런 활동을 쉐도잉이라고 해.

Let's do it faster this time.
이번엔 좀 더 빨리 해보자.

How is it? It's getting better as you try, right?
어때? 할 때마다 더 나아지는 것 같지?

How about we do this without the book tomorrow?
내일은 책 없이 해보면 어떨까?

We will go by what we hear.
소리만 듣고 따라 하는 거야.

You are great. It is almost the same.
잘했어. 거의 비슷하네.

You don't have to understand what it means exactly.
정확한 의미를 몰라도 괜찮아.

Your English will get better when you keep listening and repeating.
계속 듣고 따라 하다 보면 영어 실력이 늘 거야.

Do you want to try some easier ones?
더 쉬운 것부터 해보고 싶어?

Then you can try harder ones when you get better.
좀 나아지면 더 어려운 것을 시도해볼 수 있어.

 **읽기 속도**

책을 읽는 속도를 wpm(word per minute)으로 표시하는데, 1분당 약 100개의 단어를 읽는 100wpm 정도가 미국 초등학교 1학년 읽기 수준입니다. 아직 듣기가 익숙하지 않은 아이라면 wpm 수치가 낮은 오디오북을 선택하는 것이 좋습니다.

 스토리맵 작성하기

How was the problem resolved?
그 문제가 어떻게 해결됐어?

책을 읽은 후 내용이나 느낀 점을 그림이나 표로 시각화한 것을 이야기 지도, 즉 스토리맵이라고 합니다. 등장인물, 배경, 갈등과 해결 등 이야기의 구성요소(story elements)를 떠올리며 책 내용을 머릿속에서 다시 한번 정리할 수 있어요.

Look! Do you know what it is? It is called a story map.
이것 봐! 이게 뭔지 아니? 이야기 지도라고 해.

We can fill in the blank for each element on the map to summarize a story.
이 지도의 각 요소를 채우면서 이야기를 요약할 수 있어.

What elements does the story map have?
이 이야기 지도엔 어떤 요소가 있지?

 We have Characters, Setting, Problem, and Solution.
등장인물, 배경, 문제, 해결방법이 있어요.

Great! Let's fill in the story map. Will you choose a book first?
잘했어! 이야기 지도를 채워보자. 책을 먼저 골라볼래?

Are you done with the book? Let's get started.
책 다 읽었니? 이제 시작하자.

The first element is Characters. How many characters did the story have?
첫 번째 요소는 '등장인물'이야. 이 이야기의 등장인물이 몇 명이었지?

You can write their names or draw their images here.
여기에 등장인물의 이름을 쓰거나 그림을 그려봐.

Now, we have Setting, including the time and place of the story.
이제 이야기의 시간과 장소를 포함한 '배경' 차례야.

When did the story take place? Where did it happen?
이 이야기는 언제 일어났지? 어디에서 일어난 거지?

What problem did the main character have?
OR What was the concerning issue for the main character?
주인공에게 어떤 문제가 있었지?

How was the problem resolved?
OR How was the issue resolved?
그 문제가 어떻게 해결됐어?

Write what you said for Solution.
네가 말한 것을 '해결'에 쓰면 돼.

We're done with the story map! We have an excellent summary!
이야기 지도 완성! 멋진 요약이야!

Worksheet 2, 3

 다양한 독후활동 질문

What's wrong with the main character? 주인공이 왜 저러는 걸까?
What happened to the main character? 주인공에게 어떤 일이 생긴 걸까?
What is the conflict in this story? 이 이야기 속의 갈등은 무엇일까?

 **독서 기록 정리하기**

> # From now on, let's keep up the reading log.
> 앞으로 계속 독서목록을 정리해보자.

읽은 책들을 목록으로 정리해보세요. 점점 늘어나는 책 목록과 높아가는 레벨을 직접 눈으로 확인하면, 책을 읽고 싶은 욕구도 강해집니다.

How many books have you read so far?
네가 그동안 읽은 책이 얼마나 될까?

 A lot.
아주 많아요.

Right. Do you remember every book you've read?
맞아. 어떤 책을 읽었는지 다 기억하니?

Starting today, let's make a list of books you've read.
오늘부터 네가 읽은 책을 목록으로 만들어보자.

We will use this reading log.
우리는 이 리딩로그를 이용할 거야.

It will help you remember the books you've read.
어떤 책을 읽었는지 쉽게 기억할 수 있게 말이야.

Write the title and the author of a book and the date you read it.
제목, 작가, 읽은 날짜순으로 적으면 돼.

Why don't you write about the book you read today on the reading log?
오늘 읽은 책을 기록해보는 게 어때?

 Oh, who was the author?
어, 작가가 누구였죠?

Check out the cover.
🟢 Go back to the cover.
책 표지를 확인해봐.

How would you rate this book on a scale of 1 to 10?
1점부터 10점까지 준다면 이 책에 몇 점을 주고 싶어?

 9!
　　9점이요!

Wow, that's a very high score.
와, 굉장히 높은 점수네.

 It was exciting!
　　진짜 재밌었어요.

Good, let's write the score next to the date.
좋아, 날짜 옆에 점수도 적어놓자.

From now on, let's keep up the reading log.
앞으로 계속 독서목록을 정리해보자.

You can do it by yourself, right?
혼자서도 할 수 있지?

 Yes, I can do it.
　　네, 할 수 있어요.

책 소개하기

What was your favorite part?
어떤 부분이 가장 재미있었니?

좋아하는 책을 다른 사람에게 소개하는 활동입니다. 이야기를 간략하게 정리하면서 책을 읽었을 때 받은 감동을 다시 떠올릴 수 있어요.

When did you first read this book?
처음 이 책을 읽은 게 언제였지?

 Last summer.
지난 여름이요.

You read the book several times after that, right?
그 뒤로도 이 책을 여러 번 읽었지?

 Yes, I love this book.
네, 저 이 책 진짜 좋아해요.

What did you like about it so much?
이 책의 어떤 점이 그렇게 좋았니?

Good. Why don't you recommend this book to your friends?
OR spread the word about this book?
좋아, 친구들에게 이 책을 소개하는 것은 어떨까?

If you had a chance, what would you say about the book?
기회가 된다면, 이 책에 대해 뭐라고 말할래?

You may start with the title. What else?
아마 제목부터 말하겠지. 다른 건 또 뭐가 있을까?

You can tell them how exciting the story is.
얼마나 흥미진진한 이야기인지 말해줄 수도 있어.

What was your favorite part?
어떤 부분이 가장 재미있었니?

How would you describe the summary of the book to your friends?
OR tell your friends the main events of the story?

친구들에게 이 책의 줄거리를 어떻게 설명할 거야?

Who is this book's illustrator? What do you want to tell your friends about the artist?
이 책의 그림작가는 누구야? 친구들에게 이 작가에 대해 뭐라고 소개하고 싶어?

You're great at giving information about the book!
OR talking about the book!

책 소개 정말 잘한다!

I bet your friends would love to read the book, too!
친구들도 분명히 이 책을 읽고 싶어 할 거야!

> **작가와 소통하기**
>
> # Click the Like button on the posts you like.
> 재미있는 사진에 '좋아요'를 눌러보자.

좋아하는 작가와 소셜미디어나 이메일을 통해 소통할 수 있어요. 책에 대한 감상을 남기거나 궁금했던 점을 물어보세요.

Who is your favorite author?
가장 좋아하는 작가가 누구니?

Should we find out if this author has published any new books?
그 작가가 새로 쓴 책이 있는지 찾아볼까?

We can keep up with the author's news by following her social media.
OR We can follow the author's social media to see what's going on with her.
SNS로 작가의 소식을 들을 수도 있어.

This is the author's Instagram account.
작가의 인스타그램 계정이야.

The author has a lot of exciting posts.
작가가 재미있는 게시물을 많이 올렸어.

Click the Like button on the posts you like.
재미있는 사진에 '좋아요'를 눌러보자.

Do you have any questions to ask the author?
작가한테 질문할 게 있니?

You can send a message if you have something private to ask the author.
작가한테 따로 묻고 싶은 게 있다면 메시지를 보낼 수도 있어.

She might get back to you.
 She might reply to you.
작가가 답장을 해줄지도 몰라.

You can write a comment. Then others can also see it and reply.
댓글을 써도 돼. 그러면 다른 사람들도 보고 답글을 달 수 있어.

I'm done. What should I click then?
다 썼어요. 이제 뭘 눌러야 해요?

Let's do this together.
엄마랑 같이 해보자.

This author is on YouTube, too.
이 작가의 유튜브도 있네.

This video is so funny! Why don't you share it with your friends?
이 영상 정말 재미있다! 친구들한테도 보여주는 게 어때?

 작가와 소통하는 방법

Here is the author's email address. 작가의 이메일 주소야.
This author has an official website. 이 작가의 공식 웹사이트가 있어.
Let's post your book review on this bulletin board. 네 서평을 이 게시판에 올리자.

책 읽는 영상 녹화하기

Should I take a video and send it to Dad?
영상을 찍어서 아빠한테 보여줄까?

책 읽는 영상을 찍어두면 읽는 속도나 발음 등 아이의 영어 실력을 점검할 수 있습니다. 아울러 책 읽는 모습을 촬영하고, 그 영상을 보는 자체가 재미있는 놀이가 됩니다.

Wow, now you read books quite well!
와, 이젠 책을 잘 읽네.

You sound more fluent.
네 영어가 더 유창하게 들려.

Should I take a video and send it to Dad?
영상을 찍어서 아빠한테 보여줄까?

Don't be nervous. You can read as usual.
긴장 풀고. 평소처럼 읽으면 돼.

 OK. I'm ready.
　　네, 준비됐어요.

Just a second. I'm starting to record.
잠깐만. 녹화 시작할게.

 I made a mistake.
　　저 틀렸어요.

Really? I think it was okay.
정말? 엄마 생각엔 괜찮았는데.

 I want to do it again.
　　다시 읽어볼래요.

Okay, read it loud and clear.
알았어. 큰 소리로 또박또박 읽어봐.

 I am done!
끝났어요!

Perfect! You did a great job!
완벽해! 정말 잘했어!

We'd better keep track of your improvement in English.
네 영어 실력이 점점 느는 모습을 기록하는 게 좋겠다.

These videos will become a great resource later.
나중에 이 영상들이 의미 있는 자료가 될 거야.

> 알파벳과 파닉스 익히기
>
> # Look at my lips and try to repeat.
> 엄마 입술을 보고 따라 해봐.

영어 듣기가 어느 정도 익숙해졌다면 알파벳의 음가를 구분하는 방법과 소리 내는 방법을 알려주면서 파닉스를 시작해보세요

Should we learn how each letter sounds?
OR the sound of each letter?
각각의 알파벳이 어떤 소리를 내는지 알아볼까?

Do you know any words that start with B?
B로 시작하는 단어를 알고 있니?

 Banana, ball, baby, violin….
바나나, 공, 아기, 바이올린….

Oh, you know a lot. But violin starts with V.
와, 많이 알고 있네. 그런데 바이올린은 V로 시작해.

Why don't we find out how b and v sound different?
b랑 v 소리가 어떻게 다른지 알아볼까?

Let's practice the b sound first.
먼저 b 소리부터 연습해보자.

Look at my lips and try to repeat.
OR copy me.
엄마 입술을 보고 따라 해봐.

Put your lips together like this. Then make your lips pop to push the sound out.
입술을 이렇게 붙여봐. 그리고 입술을 갑자기 떼면서 소리를 내봐.

Great! You have made the b sound!
잘했어! 네가 금방 b 소리를 낸 거야.

 Then how about v?
그럼 v는요?

Place your top teeth lightly on your bottom lip and make the sound. Do not bite the lip!
윗니를 아랫입술에 살짝 올려놓고 소리를 내봐. 입술을 깨물면 안 돼!

Did you feel the difference between the b and v sounds?
b와 v 소리에서 차이점을 느꼈니?

Good. Let's keep practicing, so we don't forget.
좋아. 잊어버리지 않게 계속 연습해보자.

 영어 음소 소리 내는 법

The r sound Move your tongue up to the roof of your mouth. Your tongue should not touch the roof! Then turn on your voice.
혀를 입천장 쪽으로 움직여봐. 혀가 천장에 닿으면 안 돼! 그리고 소리를 내봐.

The l sound Place the tip of your tongue just behind your front teeth and make a sound.
혀끝을 앞니 바로 뒤에 대고 소리를 내봐.

> **라임 찾기**
>
> # What word ends with the same sound as 'wall'?
> 'wall' 하고 끝소리가 같은 단어가 뭘까?

음소인식(phonemic awareness) 능력을 키워주기 위해 마더구스나 라임이 많이 나오는 노래를 들려주면 좋습니다. 'rhyming words'나 'word family'를 통해 재미있게 발음 훈련을 할 수 있어요.

This song is very exciting, right? It's also easy to sing along.
노래가 정말 신나지? 따라 부르기도 쉽고.

That's because the song comes in rhymes.
OR It's because the song has a lot of rhymes.
노래에 라임이 많아서 그래.

 What is rhyme?
라임이 뭐예요?

If two words have the same ending sound, you can find a rhyme between them.
두 단어가 같은 소리로 끝난다면 라임을 찾을 수 있지.

Humpty Dumpty has many rhyming words. Let's look for them together.
'험티덤티'에는 라임이 맞는 단어가 많이 있어. 같이 찾아보자.

What word ends with the same sound as 'wall'?
OR Do you see any words with the ending sound of 'wall'?
'wall' 하고 끝소리가 같은 단어가 뭘까?

Right! Let's look for another one.
맞았어! 또 다른 걸 찾아보자.

We can also make a group of words with the same spelling pattern.
같은 철자 패턴을 가진 단어들을 묶을 수도 있어.

We call the group a word family.
그렇게 묶은 그룹을 워드패밀리라고 해.

Look. I have a lot of word cards.
여기 봐. 엄마가 단어카드를 많이 가져왔어.

Let's group the cards of words with the same sound or spelling pattern.
소리나 철자 패턴이 비슷한 단어카드끼리 묶어보자.

'Cat' and 'bat' can belong to a word family. What other words can join the group?
'Cat'과 'bat'는 워드패밀리가 될 수 있겠다. 또 어떤 단어가 이 그룹에 들어갈 수 있을까?

How many word families did you make?
워드패밀리를 몇 개나 만들었니?

Let's read the words together in groups.
그룹별로 단어들을 같이 읽어보자.

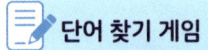 단어 찾기 게임

How many words did you find?
단어를 몇 개나 찾았니?

단어 찾기(word search) 게임은 아이들이 스펠링에 친숙해지도록 만들면서 단어를 인식하고 복습하는 데 효과적입니다.

Come on! Let's play Word Search!
자! 단어 찾기 게임을 하자.

We have many letters in the grid.
격자판에 글자들이 많이 있네.

This grid has 15 words of fruit names.
이 격자판에는 과일 이름으로 15개 단어가 있어.

The goal is to locate all the words in the grid.
목표는 격자판에서 모든 단어를 찾는 거야.

You should connect some of the letters horizontally, vertically, diagonally, or backward to find the words.
단어를 찾으려면 이 글자들을 가로, 세로, 대각선 또는 반대 방향으로 연결해야 해.

You may find some words overlapped in different directions.
어떤 단어들은 다른 방향으로 겹칠 수도 있어.

Here is a tip. Locate the first letter of a word you want to find.
힌트를 줄게. 찾으려는 단어의 첫 글자를 찾아봐.

Then check if you see the second letter of the word among the surrounding letters.
그리고 주변 글자 중에 단어의 두 번째 글자가 있는지 확인해봐.

When you find a word, mark the letters of it.
단어를 찾으면 글자에 표시를 하는 거야.

That's it! Are you ready? I'm going to set the timer for 1 minute.
바로 그거야! 준비됐니? 타이머를 1분으로 맞춰놓을게.

Let's get started!
시작하자!

Do you see any words in a horizontal direction?
가로 방향으로 보이는 단어가 있니?

Look carefully at the grid to see if it has any words hiding in a diagonal direction.
대각선 방향으로 숨어있는 단어가 있는지 잘 살펴봐.

Time's up!
시간 다 됐어!

How many words did you find?
단어를 몇 개나 찾았니?

Wow! You did a great job!
와! 정말 잘했어!

 단어 빙고 게임

You made the line! Say Bingo!
한 줄 만들었네! 빙고라고 해야지!

단어를 쓰고, 읽고, 찾아 없애는 빙고 게임을 통해 주제와 관련한 단어를 쉽고 재미있게 학습할 수 있습니다

Do you want to play a bingo game? Do you know how to play?
우리 빙고 게임 할까? 게임 규칙은 알고 있니?

Look. We have a 4x4 (four by four) grid.
이것 봐. 가로 세로 네 칸씩인 격자판이 있어.

You may see many words of jobs above the grid.
격자판 위에 직업에 관한 단어들이 많이 보일 거야.

This 4x4 grid has 16 squares.
이 4X4 격자판에는 16개의 칸이 있어.

First, fill in the squares with the words, one for each.
먼저 이 한 칸에 하나씩 단어를 쓰는 거야.

Then choose 16 job words and write them randomly in the squares, one for each.
그런 다음 16개의 직업 단어를 골라서 각 칸에 하나씩 무작위로 써봐.

I'm done! What about you?
엄마는 다했어! 너는?

 **I'm done, too!**
저도 다했어요!

Great! Our goal is to make an entire line by marking off four words on the grid in any direction.
좋았어! 우리 목표는 격자판의 네 단어를 표시해서 어느 방향으로든 직선을 완성하는 거야.

It can be horizontal, vertical, or diagonal.
직선은 가로, 세로 또는 대각선일 수도 있어.

For example, when I call out 'teacher' and you have the word on your grid, you can mark off the word.
예를 들어서 엄마가 '선생님'이라고 하고 네 격자판에 그 단어가 있다면, 그 단어를 표시하면 돼.

If you don't have the word, you will miss the chance.
그 단어가 없다면 기회를 놓치는 거지.

We will call out a word in turn until one of us makes a line first.
우리 중 한 사람이 먼저 한 줄을 만들 때까지 차례대로 단어를 하나씩 말할 거야.

Let's get started! You call out a word first this time!
시작하자! 이번에는 네가 먼저 단어를 말해봐!

 **Doctor!**
의사!

Uh-oh, I don't have the word. Okay, my turn! Singer!
이런, 엄마한텐 그 단어가 없어. 좋아, 엄마 차례야! 가수!

Wow, you made the line! Say Bingo!
와, 한 줄 만들었네! 빙고라고 해야지!

Theme Words for Word Bingo 주제별 빙고 단어

Colors

black	white	red	yellow	blue	green
orange	brown	grey	purple	navy	sky blue
pink	beige	coral	gold	silver	violet
ivory					

Foods

pizza	corndog	hotdog	hamburger	soup	steak
noodle	rice	fried rice	bread	cake	cookie
salad	yogurt	sushi	barbeque	porridge	pie
pasta	oatmeal	cornflakes	sandwich	omelet	
french fries	pork cutlet				

Animals

dog	cat	lion	cheetah	sheep	pig
horse	rat	mouse	turtle	monkey	goat
chicken	fox	wolf	snake	donkey	mole
otter	seal	whale	dolphin	shark	beaver
sparrow	magpie	hyena	koala	panda	bear
raccoon	hedgehog	porcupine	badger	kangaroo	ostrich
zebra	deer	squirrel	rabbit	hamster	parrot

Shapes

circle	square	rectangle	triangle	oval	diamond
trapezoid	crescent	heart	pentagon	hexagon	octagon
star	cross	pyramid	cube		

Clothes

dress	shirt	T-shirt	pants	skirt	tuxedo
vest	cardigan	sweater	coat	jacket	uniform
gown	robe	cloak	hoody	short pants	

Stationaries

notebook	pen	pencil	eraser	stapler
paper	clip	thumbtack	ballpoint pen	crayon
oil pastel	colored pencil	ruler	pencil case	compass
dividers	memo pad	marker	highlighter	copying paper

Sports

soccer	swimming	tennis	baseball	golf
rugby	badminton	ski	basketball	diving
volleyball	curling	boxing	marathon	wrestling
handball	bowling	table tennis	fencing	archery
cycling	figure skating	rowing	American football	jogging
ice hockey	horse racing			

Countries

(Republic of) Korea   (The) United States   (The) United Kingdom

France	Vietnam	China	Japan	Spain	Germany
Brazil	Turkiye	Russia	Ukraine	Poland	Indonesia
Argentina	India	Saudi Arabia	Belgium	Swiss	Sri Lanka
Morocco	Mexico	Egypt	Sudan	Greece	Portugal
Mongolia	Thailand	Iran	Iraq	Chile	Iceland

> 문장 수집하기
>
> # Punctuation matters!
> 문장부호는 중요해!

좋아하는 문장을 그대로 옮겨 써 보는 문장 수집하기 활동은 기초적인 문장 규칙을 이해하는 데 도움을 줍니다.

Did you find any sentences impressive?
이 책에서 인상 깊었던 문장이 있었니?

 I like this sentence.
저는 이 문장이 좋아요.

Why don't you transcribe that sentence in the notebook?
그 문장을 노트에 필사해보는 건 어때?

To transcribe means to make a written copy of something.
'Transcribe'는 무언가를 그대로 옮겨 적는 걸 말해.

Wait! You have to capitalize the first letter.
잠깐! 문장의 첫 글자는 대문자로 써야 해.

Don't forget that English sentences always start with a capital letter.
영어 문장은 항상 대문자로 시작한다는 걸 기억하자.

 I'm done.
다 썼어요.

Let me see. I like your handwriting. It's so neat!
어디 보자. 네 손글씨가 마음에 드는데. 또박또박 잘 썼어!

But the period is missing.
그런데 마침표가 빠졌어.

Can you fix your sentence?
문장을 고쳐볼래?

Don't forget the comma. Punctuation matters!
쉼표도 잊지 말고. 문장부호는 중요해!

Looks great! Will you read the sentence aloud?
잘했어! 그 문장을 소리 내어 읽어볼래?

Is there another sentence you want to copy?
옮겨 적고 싶은 다른 문장이 있니?

Keep transcribing your favorite sentences. It will make a memorable collection.
좋아하는 문장을 계속 옮겨 적어봐. 기억에 남는 수집품이 될 거야.

Is there another ~ you want to ~?
다른 ~하고 싶은 ~이/가 있니?

Is there another song you want to sing?　다른 노래 부르고 싶은 거 있니?
Is there another book you want to read?　읽고 싶은 다른 책이 있니?
Is there another food you want to eat?　먹고 싶은 다른 음식이 있니?
Is there another instrument you want to play?　연주하고 싶은 다른 악기가 있니?

Beautiful Quotes from Literature 문학작품 속 아름다운 인용구

🟨 **어린 왕자**

If you come at four in the afternoon,
I'll begin to be happy by three.
만약 네가 오후 4시에 온다면, 나는 3시부터 행복해지기 시작할 거야.

It's the time you spent on your rose
that makes your rose so important.
너의 장미꽃이 그토록 소중한 건 그 꽃을 위해 네가 공들인 시간 때문이야.

It is only with the heart that one can see rightly;
what is essential is invisible to the eye.
사람은 오로지 마음으로만 올바로 볼 수 있어. 본질적인 것은 눈에 보이지 않아.

The Little Prince
by Antoine de Saint-Exupery

🟨 **이상한 나라의 앨리스**

"Would you tell me, please,
 which way I ought to go from here?"
"내가 어디로 가야 하는지 말해줄래?"

"That depends a good deal on
 where you want to get to."
"그건 네가 어디로 가고 싶은 건지에 달려있어."

Alice's Adventures in Wonderland
by Lewis Carroll

I think you might do something better with the time,
than waste it in asking riddles that have no answers.
그 시간에 더 나은 것을 할 수 있다고 생각해. 답이 없는 수수께끼를 푸는 데 시간을 낭비하는 것보다.

But it's no use going back to yesterday, because I was a different person then.
하지만 어제로 돌아갈 수는 없어. 어제와 난 다른 사람이니까.

🟨 빨강머리 앤

Isn't it a splendid thing that there are mornings?
You don't know what's going to happen through the day.

아침이 있다는 건 참 좋은 거 아닌가요?
하루 동안 무슨 일이 일어날지 아직 모르잖아요.

"Bedrooms were made to sleep in."

"침대는 잠을 자는 곳이야."

"Oh, and dream in too."

"아, 그리고 꿈을 꾸는 곳이기도 하죠."

That is one good thing about this world…
there are always sure to be more springs.

세상엔 좋은 게 딱 한 가지 있어요… 그건 앞으로 봄이 계속 온다는 사실이에요.

Anne of Green Gables
by Lucy Maud Montgomery

🟨 피터 팬

"Why can't you fly now, mother?"

"왜 엄마는 날 수 없어요?"

"Because I am grown up, dearest.
When people grow up they forget the way."

"왜냐하면 이제 엄마는 어른이거든. 어른이 되면 나는 법을 잊어버린단다."

Children have the strangest adventures
without being troubled by them.

아이들은 고민하는 법 없이 아주 이상한 모험을 한다.

Peter Pan
by James Matthew Barri

 일기 쓰기

First, write the day of the week and the date.
먼저 요일과 날짜를 쓰는 거야.

읽기가 어느 정도 익숙해지고 간단한 문장을 쓸 수 있는 수준이면, 영어 일기 쓰기에 도전해보세요. 일상적인 어휘와 표현을 자연스럽게 익힐 수 있어요.

How was your day today?
오늘 하루는 어땠니?

How about writing what happened today in your diary?
 in your journal?

오늘 있었던 일을 일기로 써보는 게 어떨까?

I'll help you. Let's try writing one.
엄마가 도와줄게. 한번 써보자.

First, write the day of the week and the date.
먼저 요일과 날짜를 쓰는 거야.

> Thursday, October 20, 2022. Like this?
> 목요일, 10월 20일, 2022년. 이렇게요?

Yes, right! Let's write about the weather, too.
그래, 맞아! 날씨도 적자.

> It was very sunny.
> 해가 쨍쨍.

Will you draw what you did today?
오늘 뭘 했는지 그림으로 그려볼까?

 I'm done.
다 그렸어요.

Wow, it's wonderful! Now, try to describe the drawing in sentences.
와, 멋지네! 이제 이 그림을 문장으로 표현해봐.

Think about what you did, when, with whom, or where.
네가 무엇을, 언제, 누구와 어디에서 했는지 생각해봐.

Try to keep your sentences short, describing one after another.
문장을 짧게 유지하면서 하나씩 써봐.

It will make your writing easier.
글쓰기가 더 쉬워질 거야.

Wow, you've finished your first diary!
와, 첫 일기 완성!

You did a great job! Can I put it on the fridge?
정말 잘했어! 냉장고에 붙여도 될까?

이메일 쓰기

You should start with greetings.
처음엔 인사말을 써야 해.

이메일도 편지처럼 일정한 형식이 있습니다. 형식을 지키며 메시지를 전달할 수 있는 이메일 쓰기를 연습해봅시다.

Do you want to send an email to Ms. Olivia?
올리비아 선생님께 이메일을 보낼까?

Do you know her email address?
이메일 주소는 알고 있니?

 Yes, but I don't know how to write it.
네, 그런데 어떻게 쓰는지 모르겠어요.

No problem. I will help you.
괜찮아. 엄마가 도와줄게.

First, type her email address into the To field.
먼저 '받는 사람'란에 이메일 주소를 쓰자.

Now, write the subject line. Keep it short.
이제 제목을 쓰자. 제목은 짧게 쓰면 돼.

You should start with greetings.
처음엔 인사말을 써야 해.

 Hello, Ms. Olivia. How are you?
올리비아 선생님, 안녕하세요. 어떻게 지내세요?

That looks good. Good job!
그 정도면 됐어. 잘했어!

Your message should be clear, brief, and polite.
메시지는 간단명료하고 예의 바르게 써야 해.

Excellent! Now, write a closing line followed by your full name.
아주 잘했어! 이제 간단하게 끝인사를 하고 네 이름을 쓰면 돼.

Looks good! Will you read your message aloud?
잘했어! 메시지를 소리 내어 읽어볼래?

It's a good way to find out any mistakes.
실수를 찾아내기에 좋은 방법이거든.

Let's do a final spelling and grammar check.
마지막으로 철자와 문법을 확인해보자.

Great! Now, click the Send button. You did it!
좋아. 이제 전송을 누르자. 끝!

Now let's wait for an answer from Ms. Olivia.
OR Now let's wait for Ms. Olivia's reply.
이제 올리비아 선생님의 답장을 기다리자.

 이메일 인사말

첫인사   Dear Ms. Olivia | Hi Ms. Olivia | Hello Ms. Olivia
끝인사   Best, | Sincerely, | Regards, | Many thanks,

> **온라인 프로그램 이용하기**
>
> # What are you learning today?
> 오늘은 어딜 배울 차례니?

디지털미디어 콘텐츠도 적절히 활용하면 학습에 도움이 됩니다. 아이의 수준과 흥미를 고려해 양질의 콘텐츠를 제공해주는 것이 중요해요.

It's time for English class. Are you logged in?
영어 수업 시간이야. 로그인했니?

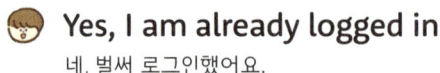 Yes, I am already logged in.
네, 벌써 로그인했어요.

But I can't see my class.
그런데 제 수업이 안 보여요.

Oh, you used my ID. You should use yours.
이런, 엄마 아이디로 들어갔네. 네 아이디로 로그인해야겠다.

What are you learning today?
오늘은 어딜 배울 차례니?

 Chapter 7.
7과요.

If you don't understand, click here.
잘 모를 때는 여기를 클릭하렴.

Then the teacher will explain things to you.
그럼 선생님이 설명해주실 거야.

Let me know when you're finished.
　　　　　　　　 when the class is over.
수업이 다 끝나면 엄마한테 말해줘.

　　　　　　 I'm done!
　　　　　　　　다 했다!

OK. Now you can play a quiz game, but only for 30 minutes.
좋아. 이제 퀴즈 게임을 해도 돼. 하지만 30분 만이다.

Did you get good scores?
 How was it? Are you happy with your scores?
점수는 잘 나왔니?

　　　　　　 No. It was too hard.
　　　　　　　　아니요. 너무 어려웠어요.

But you still got many correct.
그래도 많이 맞혔네.

You'll be able to do better next time.
다음번엔 더 잘할 수 있을 거야.

아이와 함께 정보 찾기

Should we search for it?
같이 검색해볼까?

잘 모르는 것, 더 알고 싶은 것을 다양한 경로로 직접 찾아보면서 영어에 대한 호기심을 채우고 주도성을 키울 수 있습니다.

 Mom, what is the bird's name?
엄마, 이 새는 이름이 뭐예요?

It's a cute-looking bird. Should we search for it?
귀엽게 생긴 새네. 같이 검색해볼까?

In this case, we can do an image search.
이럴 땐 이미지 검색을 할 수 있어.

Open the Google app. Do you see an icon that looks like a camera in the search bar?
구글 앱을 열어봐. 검색란에 카메라같이 생긴 아이콘이 보이니?

That's Google Lens. Tap the icon.
그게 구글 렌즈야. 아이콘을 눌러봐.

Now, you can take a photo of the bird.
이제, 그 새의 사진을 찍어.

Scroll to find your search result. What is the bird's name?
화면을 스크롤해서 검색 결과를 확인해봐. 새 이름이 뭐니?

 Canary!
카나리아예요!

Great job! Do you want to look for videos about canaries?
잘했어! 카나리아에 대한 영상을 더 찾아볼까?

I think we can find some on YouTube.
유튜브에서 찾을 수 있을 거야.

I will open the YouTube app and type 'canary' in the search bar.
유튜브 앱을 열고 검색창에 '카나리아'를 입력할게.

We found some! Which one do you want to see first?
찾았다! 어떤 걸 먼저 보고 싶니?

Why don't we go to the library tomorrow?
내일은 도서관에 가볼까?

We may find some more interesting facts about the bird.
이 새에 대해 더 재미있는 사실들을 찾을 수 있을 거야.

 **Is there anything else you want to ~?** ~하고 싶은 게 더 있니?

Is there anything else you want to take a look at?   보고 싶은 게 더 있니?
Is there anything else you want to look for?   찾고 싶은 게 더 있니?
Is there anything else you want to read?   읽고 싶은 게 더 있니?
Is there anything else you want to ask?   물어보고 싶은 게 더 있니?

Worksheet 5 Word Search: Fruits

Worksheet 6 Word Search: Vegetables

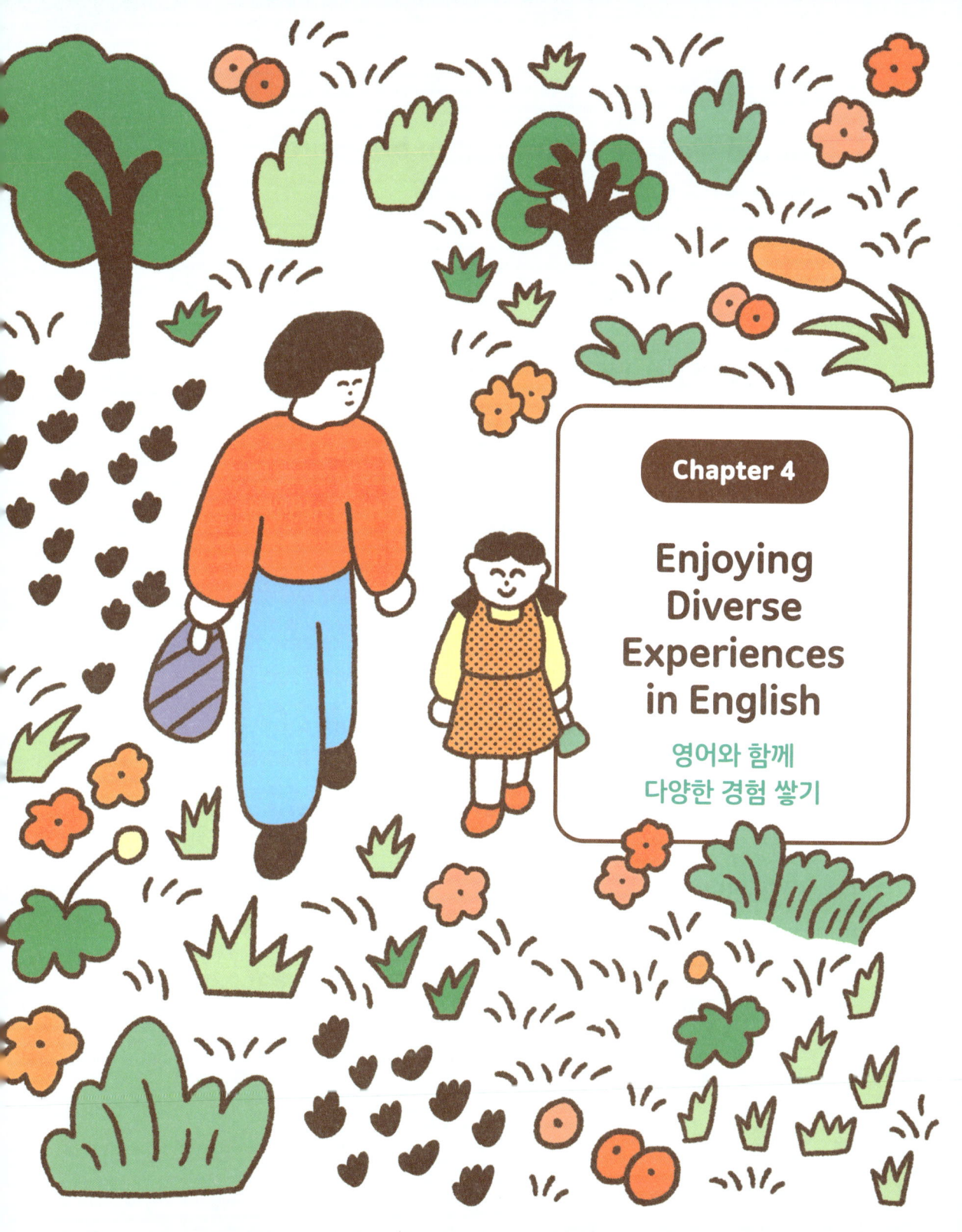

박물관 방문하기

Should we take the museum brochure?
박물관 브로슈어도 챙길까?

박물관은 역사와 문화유산에 관해 이야기를 나누기 좋은 공간입니다. 현재와 과거를 비교하면서 아이의 호기심을 자극할 만한 질문을 던져보세요.

Should we go to the history museum this weekend?
이번 주말엔 역사박물관에 갈까?

The museum has interesting collections about the history of Seoul.
그 박물관에는 서울 역사에 관한 흥미로운 전시물이 많아.

You will see what this city looked like long ago.
오래전 이 도시의 모습이 어땠는지 볼 수 있을 거야.

The museum has prehistoric relics, too.
OR We can check out the prehistoric relics as well.
선사시대 때 유물도 있어.

Look. The pottery dates back several hundred years.
이것 봐. 이 도자기는 수백 년이나 되었대.

Make a guess. What was the purpose of this pottery?
맞혀봐. 이 도자기의 용도가 뭘까?

Do you see the script next to the object? It tells you brief information about it.
전시물 옆에 설명문 보이니? 그 설명문은 전시물에 대한 간단한 정보를 알려주는 거야.

The object has the QR code, too.
전시물에는 QR 코드도 있어.

You can check more information when you scan it with your smartphone.
스마트폰으로 QR 코드를 스캔하면 더 많은 정보를 확인할 수 있어.

You're not supposed to run or talk loudly in the museum. It will interrupt other visitors.
박물관에서 뛰거나 크게 말하면 안 돼. 다른 방문객들을 방해하는 행동이야.

This museum shop has a lot of pretty souvenirs.
뮤지엄숍에 예쁜 기념품이 정말 많네.

Is there anything you like? I will buy you one.
마음에 드는 거 있어? 엄마가 하나 사줄게.

Should we take the museum brochure?
박물관 브로슈어도 챙길까?

 **You're not supposed to ~   ~ 하면 안 돼**

You're not supposed to touch the objects.   전시품을 만지면 안 돼.
You're not supposed to lean on the display case.   진열장에 기대면 안 돼.
You're not supposed to get too close to the works.   작품에 너무 가까이 다가가면 안 돼.
You're not supposed to use flash photography in museums.
박물관에서는 플래시를 사용한 사진 촬영을 하면 안 돼.

미술관 방문하기

How do you like the artwork?
이 작품 어때?

아이의 감성을 키워주는 미술 전시회에 가서 그림을 감상하면서 작품과 작가에 대한 생각을 자유롭게 나눠보세요.

How about going to an art museum nearby?
가까운 미술관에 가볼까?

Let's see what exhibitions are running these days.
요즘 어떤 전시회들이 열리는지 찾아보자.

Do you want to check out any of these?
이 중에서 보고 싶은 전시회가 있니?

We can join the docent tour, too.
이 전시회는 도슨트 투어도 할 수 있대.

We've arrived.
다 왔네.

Here is your ticket. Show it to staff to get in.
네 입장권이야. 이걸 직원한테 보여주고 들어가면 돼.

Step back. Do you see the line on the floor?
한 걸음 물러서. 바닥에 선이 보이지?

Don't get closer to the artwork than that line.
그 선보다 작품에 더 가까이 다가가면 안 돼.

 Mom, this picture is really big!
엄마, 그림이 진짜 커요!

Yes, it is. How long would it have taken to be completed?
그렇네. 완성하는 데 시간이 얼마나 걸렸을까?

How do you like the artwork?
이 작품 어때?

What did the artist express?
OR What do you think the artist wanted to say?
작가가 뭘 표현한 걸까?

Wow! I didn't even think of that. That's a great observation.
OR You are very insightful.
와! 엄마는 생각도 못했어. 굉장한 관찰력인걸. / 정말 생각이 깊구나.

What was your favorite artwork?
OR What artwork did you like the most?
어떤 작품이 가장 마음에 들었니?

Let's look for other works from this artist.
이 작가의 다른 작품들도 찾아보자.

 **How do you feel about ~?** ~ 어때?

How do you feel about the movie?   그 영화 어때?
How do you feel about this song?   이 노래 어때?
How do you feel about the exhibit?   그 전시 어때?

 과학관 체험하기

Can you locate the North Star?
북극성을 찾아볼래?

과학관에서 운영하는 다양한 프로그램에 참여해서 아이의 호기심과 상상력을 자극하는 대화를 나눠보세요.

Look, this is an astronomical telescope.
이것 봐, 천체망원경이야.

We can see the rings of Saturn with this.
이 망원경으로 토성의 고리도 볼 수 있어.

Can you locate the North Star?
북극성을 찾아볼래?

Do you want to find more constellations? There are many more.
별자리를 더 찾아보고 싶니? 이거 말고도 많이 있어.

Let's find a book about constellations tonight.
OR Let's read some myths about constellations tonight.
오늘 밤 별자리에 관한 책을 찾아보자. / 오늘 밤 별자리에 관한 신화를 읽어보자.

What would the earth look like from outer space?
우주에서는 지구가 어떻게 보일까?

What would be our ride when we go on a space trip?
우주여행을 갈 때는 뭘 타고 갈까?

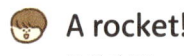 A rocket!
로켓이요!

How do gigantic rockets blast off into space?
거대한 로켓은 어떻게 우주로 발사될까?

There is a program where you can make balloon rockets. Will you try?
풍선 로켓 만들기 프로그램도 있네. 한번 해볼래?

 Yes! It sounds fun!
네! 재밌을 것 같아요!

Let's send in our application.
프로그램 신청서를 제출하자.

Worksheet 10

 **별자리 이야기**

별자리를 일컫는 영어 표현은 두 가지가 있어요. 하나는 별들을 찾기 쉽게 이어서 신화나 전설 속 이름으로 엮어둔 별자리 지도인 'constellation'입니다. 북두칠성(the Big Dipper), 큰곰자리(the Great Bear), 작은곰자리(the Little Bear), 큰개자리(the Great Dog)와 같은 것을 말하지요. 또 하나는 88개의 별자리(constellation) 중 12개를 따로 모은 천궁도(horoscope)입니다. 12 궁도라고도 하지요. 물병자리(Aquarius), 물고기자리(Pisces), 양자리(Aries) 같은 별자리로, 보통 이 12개의 별자리를 탄생 별자리, 또는 'zodiac sign'이라고 부릅니다. 우리가 12개의 띠로 운세를 보는 것처럼 탄생 별자리로 운세를 보기도 해요.

> **동물원 방문하기**
>
> # Which animal do you want to see the most?
> 어떤 동물이 가장 보고 싶어?

대부분의 아이들은 동물에 대한 호기심이 아주 많지요. 동물원에 놀러 가서 동물의 이름, 종류, 먹이 등 동물들의 생태에 관해 이야기를 나눠보세요.

Hooray! We are going to the zoo today!
신난다! 오늘은 동물원에 갈 거야!

We will walk a lot there. Are you ready?
그곳에서 많이 걷게 될 거야. 준비됐니?

Let's get comfortable shoes and hats.
편한 신발과 모자를 챙기자.

Which animal do you want to see the most?
어떤 동물이 가장 보고 싶어?

 A meerkat!
미어캣이요!

Let's look at the map and find where meerkats are.
지도를 보고 미어캣이 있는 곳을 찾아보자.

We can see meerkats down there.
저 아래로 가면 미어캣이 있어.

Look at that! I have never seen such an animal. What does the sign say?
저기 봐! 저런 동물은 본 적이 없는데. 팻말에 뭐라고 적혀 있니?

 It's an Okapi.
오카피래요.

Wow! I heard Okapis are extremely rare in the wild.
와! 오카피는 야생에서 아주 희귀하다고 들었어.

What else does the sign say?
팻말에 또 뭐라고 적혀 있어?

 They live in the rainforests and eat plants.
열대우림에 살고 풀을 먹는대요.

Stand in front of the tiger's statue. I'll take a picture of you.
호랑이 모형 앞에 서봐. 엄마가 사진 찍어줄게.

Did you like observing animals in person?
동물들을 직접 보니까 좋았니?

 Yes! Can we come again?
네! 또 올 수 있어요?

Sure! We can do any time.
그럼! 언제든지 또 올 수 있지.

 **Which ~ do you want to ~ the most?**
어떤 ~ 을/를 가장 ~ 하고 싶어?

Which snack **do you want to** try **the most?**   어떤 간식을 가장 먹어보고 싶어?
Which book **do you want to** read **the most?**   어떤 책을 가장 읽고 싶어?
Which character **do you want to** copy **the most?**   어떤 캐릭터를 가장 따라 하고 싶어?

> **공연 관람하기**
>
> # Don't forget to turn off your cell phone.
> 핸드폰 끄는 거 잊지 마.

어린이 연극이나 뮤지컬을 관람하면서 공연장에서 지켜야 할 에티켓을 알려주고, 공연이 끝난 뒤 서로의 감상을 나눠보세요.

This musical looks interesting. Should we buy the tickets?
이 뮤지컬 재미있을 것 같아. 예매할까?

Yeah! Here we are! That is the theater.
야! 도착했어! 저기가 극장이야.

Should we take a picture in the photo zone, too? We can wait in line for our turn.
우리도 포토존에서 사진 찍을까? 줄을 서서 우리 차례를 기다리자.

We may need to go to the restroom before the show begins.
시작하기 전에 화장실부터 다녀오는 게 좋을 것 같아.

Do you know where our seats are?
우리 자리가 어딘지 알겠니?

It's dark inside. Watch your step.
안쪽은 어두워. 조심해서 걸어.

Did you hear the announcements?
안내 방송은 잘 들었어?

No talking or whispering during the show.
공연 중에 말하거나 속삭이면 안 돼.

Don't forget to turn off your cell phone.
핸드폰 끄는 거 잊지 마.

Wow! Awesome! Did you like it?
와! 멋지다! 재밌었어?

The cast is coming out again for the curtain call.
배우들이 커튼콜을 위해 다시 나오고 있어.

Let's give them a round of applause.
큰 박수를 보내주자.

Which part was the most impressive to you?
OR What scene did you like the most?
가장 기억에 남는 장면이 뭐야?

I want to listen to the music from the show in the car on the way home. What do you think?
집으로 가는 차 안에서 공연에 나온 음악을 듣고 싶어. 어떻게 생각해?

 공연 에티켓

No eating!   먹으면 안 돼요!
No standing on the seats!   좌석 위로 올라가면 안 돼요!
No wandering in the aisles!   통로를 돌아다니면 안 돼요!
No taking pictures!   사진 촬영은 안 돼요!
No throwing anything onto the stage!   무대 위로 아무것도 던지지 마세요!

> **스포츠 경기 관람하기**
>
> # Here comes the wave.
> 파도타기 응원 시작한다.

경기장에 가서 직접 스포츠 경기를 관람하는 것은 색다른 재미를 선사하지요. 페어플레이와 응원에 관한 표현을 배워보세요.

Here we are! We might get hungry during the game.
다 왔다! 경기 보는 동안 배고플지도 몰라.

Let's buy some snacks before getting in.
들어가기 전에 간식을 사자.

Look! The stadium is packed with fans.
봐! 경기장이 관중으로 가득 찼어.

Do you hear their cheering? How passionate!
함성이 들리니? 응원 열기가 뜨겁네.

Which team are you rooting for?
OR Which team are you supporting?
어느 팀을 응원할 거야?

Let's raise our voices to cheer for our team.
우리도 큰 목소리로 힘을 보태자.

 ### We've got the spirit! We've got the fight!
우리는 하나! 우리 팀 파이팅!

Here comes the wave! Let's get ready.
파도타기 응원 시작한다! 준비하자.

Fouls go against sportsmanship. You have to play a fair game.
반칙은 스포츠맨십에 어긋나. 정정당당하게 겨뤄야지.

Team play is crucial in a sports game.
스포츠 경기에선 팀플레이가 아주 중요하단다.

They tied. It was an amazing game!
비겼네. 엄청난 경기였어!

Who would be the MVP in the game today?
OR Who would be the best player in today's game?
오늘 경기의 최우수 선수는 누굴까?

Too many people are by the exit.
출구에 사람이 너무 많네.

Don't rush. We can take time.
서두르지 말고, 천천히 나가자.

 응원의 말

Way to go! 힘 내!
(Just / Let's) Go for it! 잘하자!
Go get'em tiger! 할 수 있어!
Hang in there! 버텨 봐!

> **도서관 이용하기**
>
> # Did you choose a book you want to read?
> 읽고 싶은 책은 골랐니?

책과 친해지기 쉬운 방법이 뭘까요? 바로 도서관에 자주 가는 거예요. 보고 싶은 책도 찾아보고 구연동화, 작가와의 만남 같은 프로그램에도 참여해보세요.

Let's go to the library to return the books we borrowed.
대출한 책 반납하러 도서관에 가자.

Where is your library card? Make sure to take it with you.
🆗 Don't forget to bring your library card.
도서관 카드는 어디 있어? 잊지 말고 챙겨.

What kind of books do you want to borrow this time?
이번엔 어떤 책을 빌릴까?

 A book about insects.
곤충 책이요.

Let's look up some books about insects on the computer.
컴퓨터로 곤충에 관한 책을 찾아보자.

Do you need help finding a book? We can ask the librarian.
책을 찾는 데 도움이 필요하니? 사서 선생님께 여쭤보자.

Did you choose a book you want to read?
읽고 싶은 책은 골랐니?

 Not yet.
아직이요.

Come on. There are some empty seats by the window.
얼른 가자. 창가에 빈자리가 있네.

What a perfect place to read books!
책 읽기에 완벽한 자리야!

Shush, you have to be quiet at the library.
쉿! 도서관에서는 조용히 해야 해.

We can play some movies in the digital resource room.
디지털 자료실에선 영화도 틀 수 있어.

The library has a Meet the Author event next month.
다음 달엔 작가와의 만남 행사가 있네.

We are so lucky to have a library nearby. We should come here more often.
가까이에 도서관이 있다니 우린 정말 운이 좋아. 여기에 더 자주 와야겠어.

 **What ~ should we ~ this time?** 이번엔 어떤 ~ 을/를 ~ 할까?

What city should we visit this time? 이번엔 어떤 도시를 방문할까?
What food should we eat this time? 이번엔 어떤 음식을 먹을까?
What game should we play this time? 이번엔 어떤 놀이를 할까?
What subject should we study this time? 이번엔 어떤 과목을 공부할까?

 **여행 준비하기**

> # Did you pack all the things you need?
> 필요한 건 다 챙겼니?

준비물을 챙기고, 계획을 세우는 것도 여행에서 빠질 수 없는 즐거움 중 하나지요. 아이와 함께 여행지에서 하고 싶은 것들을 얘기해보세요.

Let's make some plans for our trip.
우리 여행계획을 세워보자.

I love taking planes, trains, or even riding bikes when going on a trip.
엄만 비행기나 기차도 좋지만, 자전거 여행도 좋아해.

I want to walk a lot this time.
이번엔 많이 걷고 싶어.

What do you want to do on our trip?
넌 여행 가서 뭘 하고 싶니?

 I want to swim.
수영하고 싶어요.

Oh, I will check if the hotel has a swimming pool. I think they have one.
아, 그 호텔에 수영장이 있는지 확인해볼게. 하나 있는 것 같던데.

Did you pack all the things you need?
필요한 건 다 챙겼니?

Double-check if you take everything you need.
놓고 가는 게 없는지 다시 확인해봐.

We should take hats and sunglasses, too.
모자랑 선글라스도 챙기자.

Wait. We may need emergency medicines.
잠깐, 비상약이 필요할지도 몰라.

Let's take lots of pictures, too.
사진도 많이 찍자.

When I think of our trip, my heart flutters. It will be fun, right?
OR my heart beats fast / my heart pounds

여행 갈 생각하니까 설렌다 / 두근거린다. 재미있겠지?

Worksheet 11

 **I want to ~ on this trip.** 이번 여행엔 ~ 하고 싶어.

I want to shop a lot on this trip.   이번 여행엔 쇼핑을 많이 하고 싶어
I want to rest a lot on this trip.   이번 여행엔 푹 쉬고 싶어.
I want to visit a lot of museums on this trip.
이번 여행엔 많은 박물관을 방문하고 싶어.
I want to experience a lot of local food on this trip.
이번 여행엔 현지 음식을 많이 먹고 싶어.

 생일 파티에 친구 초대하기

Do you want to invite any friends?
초대하고 싶은 친구가 있니?

초대장부터 파티 룸을 꾸미고, 음식을 준비하는 것까지 생일 파티에 관한 표현을 배워보세요.

Do you want to invite any friends?
OR Do you want to include anyone for your guest?
초대하고 싶은 친구가 있니?

You can write on your invitation, "Please come to my birthday party."
초대장에 "내 생일 파티에 와 주세요."라고 쓰면 돼.

Make sure to write the date, time, and place.
날짜, 시간, 장소를 꼭 써야 해.

What should we prepare for the party food?
파티 음식은 뭘로 준비할까?

> Anything will be good! Pizza, fried chicken, cola, cake….
> 뭐든지 좋아요! 피자, 프라이드 치킨, 콜라, 케이크 ….

OK, I will have your favorite chocolate cake ready.
OR I will prepare your favorite chocolate cake.
좋아, 케이크는 네가 좋아하는 초코 케이크로 준비할게.

How many candles do we need?
초는 몇 개가 필요하지?

> Eight! I'm going to be 8 years old!
> 8개요! 전 여덟 살이 되니까요!

I will decorate your room with some balloons and garlands.
엄마는 풍선이랑 가랜드로 방을 꾸밀게.

Come on in, kids.
어서 와, 얘들아.

 ### Thank you for inviting us.
초대해주셔서 감사합니다.

Thank you for coming. You can go to that room.
와줘서 고마워. 저 방으로 가면 돼.

I hope you like the food. Help yourself!
음식이 입에 맞으면 좋겠다. 마음껏 먹어!

Are you leaving now? Did you take a goody bag? Thank you for coming again.
지금 가니? 답례품은 챙겼니? 다시 한번 와줘서 고마워.

What a fun party! You did a great job as a party host!
재미있는 파티였어! 파티 호스트로서 정말 잘했어!

Birthday Party 생일 파티

미국에서 아이들 생일 파티는 주로 액티비티 위주로 진행됩니다. 집 마당이나 근처 공원, 수영장, 체육관 같은 곳을 빌려 함께 게임을 하거나 페이스 페인팅, 마술 같은 이벤트를 체험하며 파티를 즐기는 문화랍니다.

Theme Party

일반적인 파티뿐만 아니라 주제가 있는, 테마 파티도 많이 열려요. 아이가 좋아하는 동물이나 캐릭터 등이 파티의 주제가 됩니다. 초대장부터 파티 장소, 케이크까지 하나의 주제로 꾸며지지요.

Invitation Card

초대장은 전통적인 카드 형태나 이메일로 보내는데, 보통 파티 장소와 시간, 호스트의 연락처 그리고 RSVP(répondez s'il vous plait, 회신 요망) 등이 적혀 있어요. 파티 초대장을 받으면 꼭 참석 여부와 인원을 호스트에게 알려줘야 합니다.

Goody Bag

미국 생일 파티에는 구디백 문화가 있는데요. 파티에 와줘서 고맙다는 의미로 과자나 장난감, 학용품 같은 작은 선물을 친구들에게 답례품처럼 나눠줍니다.

> **크리스마스 파티 준비하기**
>
> # I have an Advent calendar for us.
> 엄마가 어드벤트 캘린더를 준비했어.

아이에게 크리스마스에 어떤 선물을 받고 싶은지, 무얼 하고 싶은지 질문을 던져보세요. 즐거운 상상이 가득한 대화를 나눌 수 있습니다.

It's just one month before Christmas.
크리스마스가 한 달밖에 안 남았네.

Ta-da! I have an Advent calendar for us.
OR a Christmas countdown calendar.

짠! 엄마가 너를 위해 어드벤트 캘린더를 준비했어.

This calendar has 30 windows.
이 달력에는 30개의 창이 있어.

We can open one each for the next 30 days.
OR one each day until Christmas.

30일 동안 매일 하나씩 열어보면 돼. / 크리스마스가 올 때까지 매일 열어보면 돼.

Should we decorate our Christmas tree?
크리스마스트리를 꾸밀까?

Let's put some ornaments and twinkling lights on the tree.
트리 장식이랑 반짝거리는 전구도 달자.

What about we bake some gingerbread men?
진저브레드 맨 쿠키도 구울까?

Do you want to place the star on the top?
꼭대기의 별은 네가 달래?

What will Santa Clause give you?
산타 할아버지가 어떤 선물을 주실까?

Let's sing some Christmas carols, too.
크리스마스 캐럴도 부르자.

There are many storybooks about Christmas. Why don't we read them together?
크리스마스에 대한 동화책도 많아. 같이 읽어볼까?

I hope we have a White Christmas this year.
올해는 화이트 크리스마스면 좋겠다.

Do you want to do anything when it snows?
OR Is there anything you want to do if it snows?
눈이 오면 뭘 하고 싶어?

 I want to build a snowman.
눈사람을 만들래요.

 크리스마스 추천 그림책

The Polar Express by Chris Van Allsburg
The 12 Days of Christmas by Robert Sabuda
Merry Christmas Big Hungry Bear by Audrey Wood & Don Wood
Dream Snow by Eric Carle
Peppa Pig: Advent Calendar by Peppa Pig

Christmas 크리스마스

12월 25일 성탄절은 예수님의 탄생을 축하하는 날이지요. 처음엔 종교적인 기념일이었지만, 지금은 연인끼리, 가족끼리 파티를 즐기는 문화가 일상으로 자리 잡았습니다. 여기서 재미있는 사실 하나! 성탄절이 12월 25일이 아니라 1월 7일인 나라들도 있어요. 정교회의 영향을 받은 러시아나 그리스 같은 나라들이 그렇습니다.

Merry Christmas!
기독교적 전통이 강한 미국이지만, 최근에는 다른 종교를 믿는 사람들을 배려해서 'Merry Christmas!' 외에 'Happy Holidays!'라는 인사도 보편적으로 쓰고 있습니다.

Christmas Tree
크리스마스트리는 불운을 막아주는 상록수 가지로 집 안에 장식하던 풍습에서 발전해 크리스마스 상징인 지금의 모습이 되었다고 해요. 미국에서는 보통 크리스마스 전에 전나무를 잘라 와서 매해 트리를 꾸민답니다.

Christmas Food
나라마다 크리스마스에 먹는 음식이 모두 달라요. 미국에서는 칠면조 구이와 진저브레드 맨 쿠키를 만들어 먹고, 프랑스에서는 통나무 모양의 브쉬 드 노엘 케이크와 뱅쇼를, 영국에서는 민스파이를 먹습니다.

> **핼러윈 축제 즐기기**
>
> # Trick or treat!
> 사탕 안 주면 장난칠 거예요!

언어를 공부할 땐 그 언어를 사용하는 문화적 배경을 이해하는 것이 중요합니다. 미국의 대표 축제인 핼러윈의 유래와 풍습에 대해 알려주세요.

Do you know what holiday is on October 31?
10월 31일이 무슨 날인지 아니?

 Halloween Day! I read about it in picture books.
핼러윈 데이예요! 그림책에서 읽었어요.

I'll tell you about the origin of Halloween Day.
핼러윈 데이의 유래에 대해 말해줄게.

What comes into your mind when you think of Halloween?
핼러윈 하면 뭐가 생각나니?

 A pumpkin ghost!
호박 유령이요.

Oh, you mean Jack-o'-lanterns! Should we make some?
아, 잭오랜턴 말이구나! 우리도 몇 개 만들까?

On Halloween, we can wear costumes and go all around the neighborhood.
핼러윈에는 코스튬을 입고 동네를 돌아다닐 수 있어.

Let's dress up and scare people.
옷을 차려입고 사람들을 놀라게 하자.

What character would you like to be?
어떤 캐릭터가 되고 싶니?

 **A witch!**
마녀요!

You'll need a cloak, a pointed hat, and a magic wand.
망토랑 뾰족 모자, 마법 지팡이가 필요하겠네.

Don't forget a candy basket.
OR Don't forget your trick-or-treat bag.
사탕 바구니도 잊지 말고 챙기자.

There's something you have to say when knocking at the door. What was it?
문을 두드리면서 해야 할 말이 있어. 그게 뭐지?

 Trick or treat!
사탕 안 주면 장난칠 거예요!

 **핼러윈 추천 그림책**

Meg and Mog by Jan Pienkowski & Helen Nicoll
What's in the Witch's Kitchen? by Nick Sharratt
Skeleton Hiccups by S. D. Schindler & Margery Cuyler
Knock Knock Who's There? by Anthony Browne & Sally Grindley
There's a Monster in Your Book by Tom Fletcher

Halloween 핼러윈

만성절 전날인 10월 31일에 미국 전역에서 열리는 축제로, 축제의 특성상 대부분의 행사가 해가 진 뒤에 진행됩니다. 아일랜드와 스코틀랜드 이민자들의 영향으로 시작된 핼러윈 문화는 미국의 대표적인 축제로 자리 잡았고, 지금은 전 세계인이 즐기는 축제가 되었습니다.

The Origin of Halloween

'Halloween'이라는 명칭은 'Hallows' Eve' 또는 'Hallows' Evening'을 줄여 부른 것으로, 모든 성인의 축일(All Hallows' Day 또는 Hallowmas)인 11월 1일의 전야라는 뜻입니다. 고대 켈트인들은 이날 해가 지면 영혼들이 돌아다닌다고 생각했기 때문에 그들의 눈에 띄지 않으려 유령처럼 보이게 꾸몄다고 해요. 이 풍습은 현재까지 이어져 핼러윈 축제 때 온갖 기괴하고 재미있는 복장을 한 사람들을 볼 수 있습니다.

Jack-O'-Lantern / Jack o'lantern

호박의 속을 파낸 다음 눈과 입을 구멍 내고, 안에 양초를 넣어 만드는 잭오랜턴은 핼러윈을 상징하는 장식물이에요. 스틴지 잭(Stingy Jack)이라는 남자의 갈 곳이 없는 영혼을 담아 불을 피웠다는 전설에서 유래했다고 합니다. 호박이 아니라 다른 재료로도 만들 수 있는데, 처음에는 순무로 만들었다고 하네요.

Trick or Treat!

유령이나 괴물 분장을 한 아이들이 이웃집을 돌며 사탕이나 초콜릿을 달라고 할 때 외치는 말입니다. 원래는 고대 켈트인들이 거리의 영혼을 달래기 위해 먹을 것을 문 앞에 두던 풍습에서 시작되었다고 해요.

설날맞이

Happy New Year!
새해 복 많이 받으세요!

설날을 맞아 새해 건강과 행복을 비는 인사를 나눠보세요.

It's Lunar New Year's Day. Let's go to share New Year's blessings.
설날이네. 새해 인사드리러 가자.

We will do a traditional deep bow to the elders, called Sebae.
어른들께 큰절을 드리는 세배라는 걸 할 거야.

Why don't we practice Sebae before going out?
나가기 전에 세배 연습을 해볼까?

Kneel on the ground and bow deeply.
무릎을 굽히고 크게 절을 해.

Your hands should also be on the floor. Great job!
양손도 바닥에 닿아야 해. 잘했어!

We can mark ourselves a year older by eating tteokguk on Seollal.
설날에 떡국을 먹어야 한 살 더 먹었다고 할 수 있어.

What do we say for New Year's greetings?
새해 인사는 어떻게 하지?

 **Happy New Year!**
새해 복 많이 받으세요!

I hope you stay healthy and happy this year.
올해도 건강하고 행복하길 바랄게.

추석맞이

Let's make a wish to the full moon.
보름달을 보며 소원을 빌자.

우리나라에 추석에 있다면, 미국에는 추수감사절이 있지요. 어떤 음식을 먹고, 어떤 놀이를 하는지 서로의 명절 문화를 비교해보세요.

Do other countries have holidays like Chuseok?
다른 나라에도 추석이 있을까?

People in America celebrate Thanksgiving Day. It's pretty much like Chuseok.
미국에 사는 사람들은 추수감사절을 지내. 추석과 아주 비슷하지.

Like our Chuseok, Thanksgiving is a time to gather with family and friends and share traditional food.
우리 추석처럼 추수감사절에는 가족과 친구들이 모여서 전통 음식을 나눠 먹어.

One of their most essential foods is a roasted turkey.
추수감사절에 꼭 먹어야 하는 음식 중 하나는 칠면조 구이야.

Then how about us? Do we have special foods on Chuseok?
그러면 우리는요? 우리도 특별한 추석 음식이 있나요?

Songpyeon is one of the best-known foods on Chuseok!
OR Songpyeon is one of the must-haves on Chuseok!
추석 음식 중에선 송편이 가장 유명하지. / 추석에는 송편이 빠질 수 없지!

Let's make a wish to the full moon.
OR Let's make a wish, looking at the full moon.
보름달을 보며 소원을 빌자.

Fun Facts

Thanksgiving Day 추수감사절

우리의 추석은 추수가 끝나고 수확의 기쁨을 함께 나누며 다음 해의 풍작을 기원하는 명절입니다. 다른 나라에도 추석과 비슷한 축제나 명절이 있는지 알아볼까요?

Thanksgiving Day

미국에는 추수감사절(11월 넷째 주 목요일)이 있어요. 청교도인들이 신대륙에 정착해 첫 수확에 성공한 기쁨을 나누고 신께 감사드린 것을 기념하는 날이지요. 미국 최대의 명절인 추수감사절에는 온 가족이 모여서 특별한 음식(thanksgiving dinner: 칠면조 구이, 크랜베리 소스, 매시트 포테이토, 호박파이 등)을 만들어 먹습니다.

Lammas Festival

래머스 수확제(8월 1일)는 추수 시즌을 기리며 그해 첫 수확물로 만든 빵 한 덩이로 감사 예배를 드리던 전통에서 유래한 영국 축제입니다.

Mid-Autumn Festival(Harvest Festival)

중추절(음력 8월 15일)은 중국 4대 명절 중 하나로 'Moon Festival'이라고도 합니다. 가족이 모여 풍성한 음식을 즐기는데, 특히 보름달 모양의 월병(moon cake)은 절대 빠질 수 없는 음식이랍니다.

등교 준비하기

You need to get ready for school.
학교 갈 준비해야지.

아침마다 학교에 가는 아이를 챙기면서 하는 말을 영어로는 어떻게 표현하는지 배워봅시다. 조심히 잘 다녀오라는 인사도 알아두면 좋겠죠?

Hurry! Get up. It's time to go to school.
어서 일어나. 학교 갈 시간이야.

You need to get ready for school.
학교 갈 준비해야지.

Did you pack everything you need for today?
오늘 필요한 준비물은 다 챙겼니?

Are you taking your homework with you?
숙제한 것도 챙겼어?

Take a look at your class schedule and make sure.
수업 시간표를 보고 확인해봐.

I washed and dried your indoor shoes.
실내화는 엄마가 빨아서 말려뒀어.

I wrote your name on the shoes, so you don't lose them. Do you see it?
잃어버리지 않게 이름도 써 놨어. 잘 보이지?

Put them in your shoe bag.
실내화를 신발주머니에 넣자.

Don't dilly-dally. You are already late. Hurry!
OR Get dressed quickly, or you will be late!
꾸물대지 마. 이미 늦었어. 서둘러! / 얼른 옷 입어. 안 그러면 늦어!

Dad will take you to school today.
오늘은 아빠가 학교까지 데려다주신대.

 ### See you after school, Mom!
엄마, 학교 다녀오겠습니다!

See you later.
나중에 봐!

You need to get ready for ~   ~(에) 갈/할 준비해야지

You need to get ready for your piano lesson.   피아노 레슨 받으러 갈 준비해야지.
You need to get ready for the field trip.   현장학습 갈 준비해야지.
You need to get ready for lunch.   점심 먹을 준비해야지.
You need to get ready for your presentation.   발표할 준비해야지.

> 학교생활 묻기

How was your school lunch?
급식은 잘 먹었니?

집으로 돌아온 아이에게 오늘 하루 학교에서 어땠는지 질문을 던져보세요. 이때 질문은 될 수 있는 한 명확하고 구체적일수록 좋습니다.

 Mom, I'm home!
다녀왔습니다!

Good. How was your day?
왔니? 오늘 하루는 어땠니?

How were your classes today? Which subject was interesting?
오늘 수업은 어땠어? 어떤 과목이 재미있었니?

Do you remember some things you learned today?
오늘 배운 것 중에 기억나는 게 있니?

What did your teacher talk about?
선생님이 무슨 말씀을 하셨는데?

What kind of book did you read at school?
학교에서 어떤 책을 읽었어?

How was your school lunch?
급식은 잘 먹었니?

I checked your school lunch plan. Today's menu had everything you like.
식단표를 보니까 다 네가 좋아하는 음식이던데.

What did you like the most?
어떤 음식이 제일 맛있었어?

Did you have enough time for lunch?
점심시간이 부족하진 않았니?

What did you do with your friends during recess?
쉬는 시간에 친구들하고는 뭐 하고 놀았어?

Did you need any help?
도움이 필요한 일은 없었니?

Did your teacher tell you about any school supplies for tomorrow?
선생님이 내일 필요한 준비물을 말씀해주셨니?

Did you take note of what he said?
OR Did you take notes on what he said?
선생님 말씀 잘 들었어? / 선생님 말씀 잘 받아 적었어?

Ask your teacher about things you don't know well.
OR If you don't understand, ask your teacher.
잘 모르는 건 선생님께 여쭤보렴.

Make sure to be polite when you ask a question to your teacher.
선생님께 질문할 때는 예의를 갖춰야 해.

숙제하기

Are you done with your homework?
숙제 다 했니?

학교에 다니는 아이에게 많이 하는 말 중 하나가 '숙제 다 했니?'라는 말일 텐데요. 과제물을 확인하고, 스스로 숙제할 수 있게 돕는 표현을 배워보세요.

Are you done with your homework?
OR Did you do all of your homework?
숙제 다 했니?

 Not yet. I'll do it later.
아직요. 이따가 할게요.

That's not a good idea. You should do it now.
별로 좋은 생각이 아니야. 지금 하지 그러니.

You should do your homework before watching TV.
OR Homework comes first before watching TV.
TV 보기 전에 숙제부터 해야지.

 The math homework is too hard.
수학 숙제가 너무 어려운걸요.

How much of it did you do? I'll help you with the tough ones.
얼마나 했는데? 어려운 문제는 엄마가 도와줄게.

Do you have any other homework?
또 다른 숙제는 없니?

Let's finish homework before dinner.
OR Let's get your homework done before dinner.
저녁 먹기 전에 숙제를 끝내자.

You can go out and play when you finish your homework.
숙제 다 하고 나면 나가서 놀아도 좋아.

Were you in trouble because you didn't do your homework?
OR for not doing your homework?
숙제를 안 해가서 혼났다고?

You said you didn't have any homework yesterday.
어제는 숙제 없다고 했잖아.

 I forgot it.
OR I forgot about it.
까먹었어요.

Please take notes on what to do in your homework diary!
해야 할 일은 알림장에 꼭 쓰도록 해!

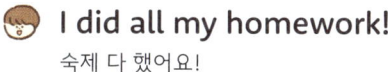 I did all my homework!
숙제 다 했어요!

That was fast. Let me see. Wow! You really did it well.
빨리 끝냈네. 어디 보자. 와! 정말 잘했어.

> ### 발표하기
> # Self-confidence is essential.
> 자신감 있는 태도가 중요해.

아이와 함께 발표 연습을 하면서 발표 스킬을 길러주고, 용기를 북돋아 줄 수 있는 표현을 배워봅시다.

Do you feel anxious when talking in front of people?
사람들 앞에서 말하는 게 긴장되니?

Everyone is like that at first. Being nervous is natural.
처음엔 다 그래. 떨리는 건 당연한 거야.

Be courageous, and you will give an excellent presentation.
용기를 내면 발표를 잘하게 될 거야.

Do you want to practice with me?
엄마랑 연습해볼까?

Let's organize the ideas you want to present.
발표할 내용을 정리해보자.

Say what you think out loud and read the script clearly.
네 생각을 소리 내어 말하면서 또박또박 원고를 읽어보렴.

Self-confidence is essential.
자신감 있는 태도가 중요해.

Your voice is getting quieter little by little.
목소리가 점점 작아지네.

Let's try speaking with a loud, clear voice.
크고 또렷한 목소리로 말해보자.

Your presentation is getting better.
OR improving.

발표 실력이 정말 많이 늘었네.

Don't you feel good when your friends pay attention to you?
친구들이 네 말을 잘 들어주니까 기분이 좋지?

So you should listen to your friends carefully, too.
그러니까 너도 친구들의 말을 잘 들어줘야 해.

Don't you feel good when ~ ?   ~ 하면 기분이 좋지?

Don't you feel good when you get a good score?   점수를 잘 받으면 기분이 좋지?
Don't you feel good when you have worked out?   운동하고 나면 기분이 좋지?
Don't you feel good when you have achieved your goals?   목표를 달성하면 기분이 좋지?

> 친구랑 사이좋게 지내기
>
> # Who is your best friend in your class?
> 너희 반에서 제일 친한 친구는 누구니?

아이의 원만한 교우 관계를 위해서 어떤 말을 해주면 좋을까요? 필요한 영어 표현을 익혔다가 활용해보세요.

Who is your best friend in your class?
너희 반에서 제일 친한 친구는 누구니?

What is good about that friend?
그 친구의 어떤 점이 좋아?

How do you play with your classmates?
반 친구들이랑 뭐 하고 놀아?

What has been popular among your friends lately?
요즘 친구들 사이에서 인기 있는 게 뭐야?

Do you walk home with anyone?
OR Do you walk home with any friends?
집에 올 때 같이 걸어오는 친구가 있니?

Have you ever helped your friends? How did you help them?
친구를 도와준 적 있니? 어떻게 도와줬어?

Say "Thank you" when your friend helps you.
OR Always say "Thank you"
친구한테 도움을 받으면 고맙다고 말해.

Did you get into a fight with Minsoo? Can you tell me what happened?
민수랑 싸웠다고? 왜 싸웠는지 말해줄 수 있니?

You don't feel good because of the fight.
친구랑 싸워서 마음이 안 좋구나.

Let's think about a way to make up with him.
친구랑 화해할 방법을 생각해보자.

Don't be selfish. You don't want to lose your friend.
OR People want to be friends with a nice person.
이기적으로 행동하면 안 돼. 친구를 잃으면 안 되잖아. / 사람들은 좋은 사람과 친구가 되고 싶어해.

Don't wait for Minsoo's apology. Say "I'm sorry" to him first.
민수가 사과할 때까지 기다리지 마. 네가 먼저 "미안해"라고 말해.

Then he will give back to you the exact words.
그러면 친구도 같은 말을 할 거야.

 **친구 관계에 도움이 되는 말**

If you don't listen to your friends, they won't listen to you, too.
친구들 말을 안 들으면 친구들도 네 말을 안 들어줄 거야.

If you keep doing that, your friends won't play with you.
계속 그러면 친구들이 너랑 안 놀려고 할 거야.

You should also learn to yield to your friends.
친구에게 양보도 할 줄도 알아야 해.

How about sharing your toys with your friends sometimes?
가끔은 네 장난감을 친구들과 나누는 건 어때?

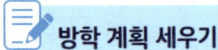 방학 계획 세우기

What about we make some plans?
계획을 세워보는 것은 어떨까?

아무래도 방학이 되면 생활 패턴이 무너지고 게을러지기 쉽죠. 방학을 알차게 보내기 위해 아이와 함께 계획을 세워보는 건 어떨까요?

Yeah! Your vacation has started!
야! 드디어 방학이 시작되었구나!

What do you want to do during the vacation the most?
이번 방학에 네가 가장 하고 싶은 건 뭐야?

 I want to sleep a lot!
잠을 많이 자고 싶어요!

I know. It is important to take a rest.
그래, 푹 쉬는 것은 중요하지.

But too much sleep can make you lazy.
하지만 너무 잠만 자면 게을러질 수 있어.

What about we make some plans?
계획을 세워보는 것은 어떨까?

It will help you keep your activities on track.
정상적으로 활동하는 데 도움이 될 거야.

Be careful not to make your plans too tight. You will be too tired to finish.
계획을 너무 빡빡하게 세우지 않도록 조심해. 너무 지쳐서 끝내지 못할 거야.

You also should make plans that you can follow.
실천할 수 있는 계획을 세워야 해.

What plans can be easy to follow for you?
쉽게 실천할 수 있는 계획으로는 뭐가 있을까?

How about reading up the whole series of the book you are reading now?
지금 읽고 있는 시리즈를 다 읽는 건 어때?

How about exercising with me every morning?
아침마다 엄마랑 운동할까?

I have a bucket list worksheet for your vacation.
엄마한테 방학을 위한 버킷리스트 워크시트가 있어.

You can put what you want to do on the list.
네가 하고 싶은 일을 쓰면 돼.

Can you promise me you can stick to the plan every day?
계획표대로 매일 실천하기로 약속할까?

 Yes, I promise.
네, 약속해요.

I feel your vacation will be awesome!
방학을 정말 멋지게 보낼 수 있을 것 같아!

Vacation 방학

미국은 한국과 달리 가을에 새 학년이 시작됩니다. 5월이나 6월에 학기가 끝나고, 새 학년에 올라가기 전에 긴 여름방학을 맞이하지요. 학교에 따라 조금씩 다르긴 하지만, 보통 3개월 정도로 방학 기간이 상당히 긴 편입니다.

Summer Camp

미국에는 학교나 사설 교육기관에서 운영하는 서머 캠프가 많아요. 아이들 대부분이 여름방학 동안 이런 서머 캠프에 다닌답니다. 요리, 미술, 운동, 음악, 자연체험 등 다양한 캠프들이 열리기 때문에 방학 전에 어떤 캠프에 등록할지 알아보는 게 필수라고 할 수 있어요.

VBS

교회에서 운영하는 여름성경학교(Vacation Bible School)에 참가하기도 합니다. 한국의 여름성경학교와 달리 테마가 있는 다양한 프로그램을 제공하기 때문에 인기 있는 VBS는 예약이 금방 마감된다고 해요.

Winter Break

미국 학교는 겨울방학이 따로 없어요. 크리스마스와 새해 휴일을 합쳐 2주 정도 긴 연휴를 보내는데, 이 기간엔 주로 가족여행을 떠난답니다.

 현장학습 참여하기

How was your field trip today?
오늘 현장학습 어땠어?

현장학습을 가기 전에 필요한 당부의 말과 마무리 활동인 보고서 쓰기까지 현장학습과 관련한 표현을 배워보세요.

Where are you going for the field trip?
이번 현장학습 어디로 간다고 했지?

Did you turn in your field trip application to the teacher?
OR Did you give the application form to the teacher?
참가 신청서는 선생님께 드렸니?

You will have fun with your friends.
친구들이랑 같이 가면 재미있겠다.

You must fasten your seat belt when riding the bus.
버스를 탈 땐 안전벨트를 매야 해.

Don't jump when you get off the bus.
버스에서 내릴 때 뛰지 말고.

You should stick to your teacher's instructions.
선생님 말씀도 잘 들어야 해.

How was your field trip today?
오늘 현장학습 어땠어?

How about completing your field trip report?
현장학습 보고서를 완성해볼까?

Just write what you saw and heard today.
네가 오늘 보고 들은 것을 쓰면 돼.

Worksheet 15

> **운동회 참여하기**
>
> # What event are you joining?
> 어떤 종목에 참가하니?

학교 행사의 꽃이라고 할 수 있는 운동회! 운동회 풍경과 함께 경기에 열심히 임하는 아이를 응원하는 말을 배워보세요.

At last, tomorrow is Sports Day.
드디어 내일이 운동회날이네.

What time do you think Sports Day will end?
운동회가 몇 시에 끝날 것 같아?

What do you want to eat? We will bring it for you.
뭐 먹고 싶어? 우리가 가져갈게.

I should freeze some water bottles just in case the weather gets hot.
더울지 모르니까 생수를 얼려둬야겠다.

Look at that! Flags of all nations are hanging over the playground.
저것 좀 봐. 운동장에 만국기가 걸려있어.

Are you on the Blue Team or White Team?
넌 청팀이야, 백팀이야?

What event are you joining?
어떤 종목에 참가하니?

Are you a runner on your class relay team? That's fantastic!
네가 너희 반 계주 선수라고? 대단한데!

Every student does the 100-meter dash, right?
100미터 달리기는 모든 학생들이 다 출전하는 거지?

Should I play in the tug-of-war game?
줄다리기 게임에 엄마도 참여해볼까?

Mom and Dad will cheer for you!
엄마와 아빠가 응원할게!

It's okay if you fall. You just need to do your best.
넘어져도 괜찮아. 최선을 다하면 돼.

I will be at the finish line.
엄마는 결승선에 있을게.

You played hard today. I'm proud of you.
오늘 진짜 열심히 하더라. 엄만 네가 자랑스러워.

What time do you think ~ will end?
~ 이/가 몇 시에 끝날 것 같아?

What time do you think the class will end? 수업이 몇 시에 끝날 것 같아?
What time do you think the party will end? 파티가 몇 시에 끝날 것 같아?
What time do you think the meeting will end? 회의가 몇 시에 끝날 것 같아?
What time do you think the ceremony will end? 식이 몇 시에 끝날 것 같아?

School Event 학교 행사

미국 유치원이나 초등학교에서는 다양한 행사가 열리는데, 행사의 성격은 학교마다 조금씩 달라요. 학부모들이 적극적으로 참여해야 하는 행사도 있고, 학생들과 선생님들만으로 진행되는 행사도 있습니다.

School Carnival
학부모와 지역 주민까지 참여하는 축제로 학기의 시작을 축하하는 홈커밍(homecoming), 기금 마련, 구성원 단합 등 다양한 주제와 목적을 가지고 1년에 한두 번 행사가 열립니다.

School Spirit Day
특별한 드레스코드를 정하고 거기에 맞는 옷차림으로 등교하는 행사입니다. 학교생활에 흥미를 갖게 하고, 학생들 간의 결속력을 다지기 위한 목적으로 기획된 이벤트예요. Pajama Day, Crazy Hat Day 등 매일의 새로운 코드를 한 주 동안 진행하기도 해서 'School Spirit Week' 라고도 합니다.

School Talent Show
연극, 노래, 연주, 무용 등 학생들이 공연을 펼치는, 우리의 학예회와 비슷한 날입니다. 선생님과 부모님 앞에서 그동안 갈고닦은 솜씨를 뽐내지요.

Book Fair
학생들의 독서 습관을 길러주기 위해 학교에서 다양한 책을 전시하고 판매하는 행사예요. 학교에 따라 가족이 함께 북 페어 행사에 참여할 수도 있습니다.

> **집안일 돕기**
>
> # Could you wipe the table for me?
> 식탁 좀 닦아줄래?

가족의 일원으로 집안일을 함께하는 과정에서 성취감과 독립심이 생기고, 타인을 배려하는 마음도 자라게 됩니다. 아이가 집안일을 돕게 하는 표현을 배워보세요.

Uh-oh, look at this. Your room is messy.
이런, 이것 좀 봐. 방이 지저분하잖아.

Have you finished the board games?
보드게임은 다 끝났어?

Then put them back on the shelves.
그러면 선반에 다시 올려둬야지.

Pick up all the blocks on the floor.
바닥에 있는 블록도 다 주워.

Put the things on the bed back in their places.
침대 위에 있는 것도 제자리에 갖다 놓고.

We need to clean the house. Can you help me a little?
집 청소를 해야겠어. 엄마 좀 도와줄래?

Can you run the vacuum?
청소기 좀 돌려줄래?

The house is now clean after vacuuming.
OR It's so much better after vacuuming.
청소기를 돌렸더니 집이 정말 깨끗해졌네.

You said you would organize the shoes. Please sort them in pairs.
신발 정리는 네가 하기로 했지? 신발 좀 정리해줘.

The mirror is dirty. Will you wipe it with this cloth?
거울이 지저분하네. 이걸로 좀 닦아줄래?

Could you bring me your laundry?
OR Will you bring me the laundry in that basket?
네 빨랫거리 좀 가져다줄래? / 그 바구니에 있는 빨랫거리 좀 가져올래?

Help me fold the laundry.
OR Let's fold the clothes and put them in the closet.
빨래 개는 것 좀 도와줘. / 옷을 개서 옷장에 정리하자.

Could you wipe the table for me?
식탁 좀 닦아줄래?

Please put the spoons and chopsticks on the table.
숟가락하고 젓가락도 식탁에 놓아줘.

Can you water the plant?
화초에 물 좀 주겠니?

You were so helpful. Thank you, sweetheart.
네가 큰 도움이 됐어. 정말 고마워.

> **건강에 좋은 습관 기르기**
>
> # Did you leave your mask on?
> 마스크는 잘 썼니?

위생과 청결에 관한 표현은 일상에 자주 쓰는 말이기 때문에 알아두면 두루두루 활용하기에 좋습니다.

What should you do first when you come back home?
집에 돌아오면 뭐부터 해야 할까?

You should wash your hands first.
손부터 깨끗이 씻자.

It's better to wash your hands for more than 30 seconds.
손은 30초 이상 씻는 게 좋아.

Make sure you lather enough with the soap.
OR lather up your hands with the soap.
비누 거품을 충분히 내자.

Wash your hand thoroughly.
손을 꼼꼼하게 씻어야 해.

Don't forget to wash between the fingers and under the fingernails.
손가락 사이와 손톱 밑을 씻는 것도 잊지 말고.

Good job. It made your hands smell good!
OR Now your hands smell good!
잘했어. 손에서 좋은 냄새가 나는걸.

You must wash your hands after you use the toilet.
OR You always need to wash your hands after using the bathroom.
용변을 본 뒤에는 꼭 손을 씻어야 해.

Just a moment! I see so much dirt under your nails!
잠깐만! 손톱에 때가 잔뜩 꼈네.

Let's clip your fingernails first.
손톱부터 깎자.

It's easy to grow germs under your fingernails.
손톱 밑에는 세균이 살기 쉽거든.

Did you leave your mask on?
마스크는 잘 썼니?

Don't pull your mask down just because it's uncomfortable.
OR You can't take off your mask
숨 쉬기 불편하다고 마스크를 내리면 안 돼.

The mask should cover all of your nose and chin.
코와 턱이 모두 가려지게 써야 해.

Wearing a mask protects you from viruses and fine dust.
마스크는 바이러스와 미세먼지를 막아주거든.

Hey, did you have fun? Oh my, you sweated a lot! Take a shower!
와, 재밌었어? 아이고, 땀을 많이 흘렸네! 샤워해!

I put some clean clothes behind the door.
문 뒤에 옷을 뒀어.

Change into them when you finish.
샤워를 마치면 이 옷으로 갈아입어.

교통안전 지키기

Don't play or run on the stairs.
계단에서는 장난치거나 뛰면 안 돼.

안전하게 횡단보도 건너기, 걸어가며 핸드폰 보지 않기 등 사고를 예방할 수 있는 교통안전 규칙을 알려주세요.

Don't play or run on the stairs.
계단에서는 장난치거나 뛰면 안 돼.

Raise your hand when you are crossing the street.
OR when you are walking on the crosswalk.
횡단보도를 건널 땐 손을 들자.

Watch your step. The road is bumpy.
걸을 때 조심해. 길이 고르지 않아.

When the traffic light is red, you must stop. You know that, right?
신호등이 빨간불일 때는 멈춰야 해. 알지?

You can cross the street when the light turns green.
신호등이 초록불로 바뀌면 건널 수 있어.

Never run into the street, even when the light turns green.
신호등이 초록불로 바뀌었을 때도 절대 도로로 뛰어들면 안 돼.

You should be careful and check your left and right, then cross.
좌우를 잘 보고 건너야 해.

You should not play balls too close to the street.
도로랑 너무 가까운 곳에서 공 가지고 놀지 마.

Never play with your cell phone when you are walking on the street.
길을 걸을 땐 절대 핸드폰을 보면 안 돼.

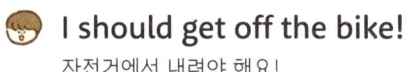 **Mom, may I ride my bike?**
엄마, 자전거 타도 돼요?

Okay. Be cautious when crossing driveways and parking lots.
그래. 자동차 진입로나 주차장을 지날 때 조심해.

Don't forget to wear your helmet and knee pads.
헬멧이랑 무릎보호대도 꼭 하렴.

Promise me you won't take them off only because it's bugging you.
불편해도 벗지 않겠다고 약속해.

Be careful not to run into someone else.
OR Pay attention to your surroundings.
다른 사람하고 부딪치지 않게 주위를 잘 살펴봐.

Do you know how to cross the street with a bike?
자전거를 타고 가다 도로를 건널 때는 어떻게 해야 하는지 아니?

I should get off the bike!
자전거에서 내려야 해요!

Right. You should walk the bike through the crosswalk.
맞아. 횡단보도를 건널 때까지 자전거를 끌고 걸어가야 해.

 경제관념 키우기

Saving for the future is a good habit.
미래를 위해 저축하는 건 좋은 습관이란다.

경제교육의 첫걸음은 돈의 가치를 알려주는 것입니다. 용돈을 관리하고, 저축하고, 현명하게 소비하는 습관을 길러주는 표현을 배워보세요.

Starting today, I will give you an allowance whenever you help me with errands.
OR Starting today, I will give you some pocket money whenever you help me with the chores.
오늘부터 집안일을 도우면 엄마가 용돈을 줄 거야.

Here is a chore chart. Let's make a list of household chores.
여기 집안일 표가 있어. 집안일 돕기 목록을 써보자.

If you earn an allowance, where would you spend your money?
용돈을 받으면 어떻게 쓸래?

How much is your goal?
OR How much are you aiming for?
목표 금액이 얼마니?

Let's make a plan to realize your goal.
어떻게 모아야 할지 계획을 세워보자.

You will be better at managing your money with the plan.
계획을 세우면 돈을 잘 관리할 수 있을 거야.

You also need a plan when spending money.
갖고 싶은 물건을 모두 살 수는 없어.

When you find something that you want to buy, think about whether you really need it or not.
사고 싶은 것이 보이면, 꼭 필요한 것인지 생각해봐.

Your piggy bank is full.
저금통이 가득 찼네.

Should we go to the bank and make a deposit?
은행에 저금하러 갈까?

You need to open your account. I'll help you.
네 은행 계좌를 개설해야 해. 엄마가 도와줄게.

It will not be big, but you can also receive interest.
적은 돈이지만 이자도 받을 수 있어.

 ### What is interest?
이자가 뭐예요?

It's like a bonus you receive from the bank.
은행에서 받는 보너스 같은 거야.

Saving for the future is a good habit.
미래를 위해 저축하는 건 좋은 습관이란다.

I am trying my best to be smart with money. Dad, too!
엄마는 현명한 소비를 위해 노력하고 있어. 아빠도!

> 반려동물 돌보기
>
> # Having a pet requires commitment.
> 반려동물을 기르는 데에는 책임감이 필요해.

반려동물을 키우고 싶은 아이에게 생명의 소중함과 책임감에 대해 가르쳐주세요.

 Mom, I want to adopt a puppy!
엄마, 저 강아지 키우고 싶어요.

You cannot adopt a puppy without a plan.
아무런 계획 없이 무작정 강아지를 키울 수는 없어.

Having a pet requires commitment.
반려동물을 기르는 데에는 책임감이 필요해.

Not only do you need to learn a lot, but also you need to get many things.
배워야 할 것도 많고, 준비해야 할 것도 많아.

A puppy is not a toy. It is a creature that needs care.
강아지는 장난감이 아니라 보살핌이 필요한 생명체야.

Let's find out what you need to adopt a puppy.
강아지를 입양하기 전에 뭐가 필요한지 알아보자.

Yeah! Welcome home, Puppy!
와! 집에 온 걸 환영해, 강아지야!

We should give him a name. Do you have any idea?
강아지 이름을 지어야 해. 생각한 게 있니?

 Koby!
꼬비요!

How nice! Can you promise me you will take good care of Koby?
멋지다! 꼬비를 잘 돌봐주기로 엄마와 약속할 수 있니?

Be careful not to feed Koby snacks too much. It's not healthy.
꼬비에게 간식을 너무 많이 주지 않도록 조심해. 건강에 좋지 않아.

Koby's bowl is dirty. Can you wash it?
꼬비 밥그릇이 더러워. 씻어줄래?

You may need to get some water for the other bowl, too.
다른 그릇에 물도 줘야 할 거야.

Koby needs a bath. Will you help me?
꼬비 목욕해야겠다. 엄마 좀 도와줄래?

It's time to take Koby for a walk.
꼬비 데리고 산책할 시간이야.

Koby is a part of our family. Do you feel it?
꼬비는 우리 가족이야. 그렇게 느껴지니?

Take care of her like your little sister.
동생처럼 아껴주렴.

> 환경에 대해 생각하기
>
> # We have to save energy.
> 에너지를 아껴야 해요.

우리 일상에서 환경을 지킬 방법에 대해 아이와 함께 고민하고 대화를 나눠보세요.

Oh no, don't let the water run like that!
저런, 이렇게 물을 틀어놓지 마.

We have to save water. Try to use a cup when you brush your teeth.
물을 아껴 써야지. 이 닦을 땐 양치컵을 써봐.

Is there anything else that we should conserve?
OR What else should we save other than water?
물 말고 우리가 절약해야 할 게 또 뭐가 있지?

 We have to save energy.
에너지를 아껴야 해요.

Yes. We also need to save energy like electricity and gas.
그래. 전기와 가스 같은 에너지도 아껴야 해.

The population of polar bears is steadily decreasing. Do you know why?
북극곰의 수가 꾸준히 줄어들고 있어. 왜 그런 줄 알아?

It's partly because we use air conditioners a lot.
우리가 에어컨을 너무 많이 사용했기 때문이야.

 I know. I read it in a book!
알아요. 책에서 읽었어요.

Yes. The earth has become warmer, and glaciers are melting.
그래. 지구가 뜨거워져서 빙하가 녹고 있어.

So, let's use the air conditioner only when it's too hot.
그러니까 정말 더울 때만 에어컨을 켜자.

Never dump your garbage recklessly.
쓰레기를 함부로 버리면 안 돼.

Let's sort out the trash and put the recyclables into the recycling bins.
쓰레기를 분류해서 재활용품들을 분리수거함에 잘 넣자.

We should separate paper and plastics.
종이와 플라스틱은 따로 분리해야 해.

 ### Is this package recyclable?
이 포장지는 재활용할 수 있는 거예요?

Does it have a recyclable mark on it? If so, you can put it in the recycling bin.
재활용 마크가 있니? 그렇다면 분리수거함에 넣으면 돼.

We should start with small things we can do.
우리가 할 수 있는 작은 일부터 실천하는 거야.

There is one more thing we can do! How about we take a walk to the library?
우리가 할 수 있는 일이 하나 더 있어! 엄마랑 도서관까지 걸어갈까?

Pet Culture 반려동물 문화

미국에서는 3명당 2명 꼴로 반려동물을 키우고 있는데, 가장 인기 좋은 반려동물은 강아지라고 해요. 약 8천만 마리로 우리나라 인구수보다 많은 강아지들이 미국에 살고 있지요. 그만큼 미국에는 다양한 반려동물 문화가 존재한답니다.

Pet Adoption
요즘엔 한국에서도 반려동물을 입양하지만, 아직 펫숍에서 구매하는 경우도 많습니다. 하지만 미국에서는 보호소에서 데려오는 것이 일반적이에요. 또 우리는 대형견보다는 소형견을 선호하지만, 미국에서는 대형견을 더 많이 키운답니다.

Pet Sitter
우리에겐 아직 낯설지만, 미국에서는 반려동물을 전문적으로 돌보는 펫시터나 강아지를 산책시키는 도그 워커(dog walker)라는 직업을 흔히 볼 수 있습니다.

Puppuchino
퍼푸치노는 미국 스타벅스에서 판매 중인 시크릿 메뉴입니다. 메뉴판에는 없지만 퍼푸치노를 주문하면 작은 컵에 커피 없이 휘핑크림이 담겨 나옵니다. 이렇게 미국에는 반려동물을 위한 다양한 서비스가 있는데요. 반려동물 전용 식당이나 카페는 물론이고 반려동물 영화관, 반려견 전용 푸드 트럭까지 있다고 합니다.

Pet Etiquette
반려동물 천국이라 할 수 있는 미국이지만, 그만큼 반려동물을 책임지고 돌보는 데도 매우 엄격한데요. 강아지를 산책시킬 때 목줄과 입마개를 하지 않으면 주에 따라서 교도소에 수감될 수도 있다고 하니, 조심하는 게 좋겠죠?

Environmental Education 환경교육

기후변화로 인한 환경 문제가 심각해질수록 환경교육에 관한 관심도 점점 높아지고 있습니다. 특히 어렸을 때부터 환경교육을 실시해 환경보호가 일상이 되도록 하는 게 중요하다고 하죠. 다른 나라에서는 어떤 방식으로 환경교육이 이루어지고 있는지 한번 살펴볼까요?

Green Free School

최연소 환경 운동가 그레타 툰베리의 고향인 스웨덴은 체계적이고 다양한 환경교육이 이루어지기로 유명합니다. 그중에서도 코펜하겐에 있는 그린 프리 스쿨(https://www.instagram.com/dengroennefriskole)은 학생들이 직접 농사를 짓고, 염소를 데리고 등교하는 등 교실보다 자연에서 더 많은 것을 배운다고 해요.

OEE

환경교육국(OEE; Office of Environmental Education)은 환경보호청(EPA)에서 운영하는 환경교육 전담기관입니다. 교육 예산을 마련하고 교육 프로그램을 수립하는 등 미국의 환경교육을 주도적으로 이끄는 곳이지요. 환경 관련 교수학습 자료나 게임, 퀴즈 등 다양한 정보가 총망라된 웹사이트(https://www.epa.gov/students)도 운영하고 있습니다.

Eco-School Program

에코 스쿨은 덴마크에서 처음 시작한 환경 프로그램으로 현재는 영국, 독일, 그리스 등 여러 나라에서 실시되고 있어요. 학생 스스로가 환경에 부담 없는 학교 공간을 구성하고, 환경 문제를 주도적으로 해결하는 것을 목표로 합니다. 아이들이 직접 실행하고, 그 변화를 체감할 수 있도록 실천 위주의 교육이 이루어진다고 해요.

> 성에 대해 이야기하기
>
> # Why do boys and girls look different?
> 남자랑 여자랑 왜 다르게 생겼어요?

성(sex)에 대해 호기심이 많아져서 이것저것 질문을 던질 때를 대비해 바람직한 성교육을 위한 표현을 연습해보세요.

Why don't you like this shirt anymore? You used to like it.
갑자기 이 옷이 왜 싫어졌어? 네가 좋아하는 옷이잖아.

 I don't like pink! My friends tease me!
분홍색 싫어요! 친구들이 놀린단 말이에요.

Is it because you wore a pink shirt?
OR Did they make fun of you for wearing pink?
분홍색 셔츠를 입었다고 놀린다고?

There is no such thing as boys' or girls' color.
남자색 여자색이라는 건 없어.

It's just one of the common biases.
그건 일반적인 편견 중 하나일 뿐이야.

 Then why do boys and girls look different?
그러면 남자랑 여자랑 왜 다르게 생겼어요?

Boys and girls are born with different body parts.
남자와 여자는 태어날 때부터 다른 부분이 있어.

As they grow older, their bodies develop differently.
그리고 나이를 먹으면서, 남자와 여자의 몸은 다르게 발달한단다.

There is one thing you should keep in mind.
네가 꼭 기억해야 할 게 하나 있어.

What do you say if someone touches your body without your permission?
다른 사람이 허락 없이 네 몸을 만진다면 어떻게 말해야 할까?

You should say, "I don't like that. Stop it!" Do you understand?
이렇게 말해야 해. "싫어요. 안돼요!" 알겠니?

 I do! I am also curious about how a baby is born.
이해했어요! 아기가 어떻게 태어나는지도 궁금해요.

You know some physical differences between men and women.
여자와 남자의 몸이 어떻게 다른지 배웠지?

Men produce sperm, while women make an egg almost every month.
남자는 정자를 생산하고, 여자는 거의 한 달에 한 번씩 난자를 만들어.

When the sperm and the egg meet inside a woman's body, a baby gets formed in her womb.
여성의 몸 안에서 정자와 난자가 만나면 자궁에 아기가 생긴단다.

That's how you came to the world, too.
너도 그렇게 태어났어.

You are a precious life made of Mom and Dad's love.
엄마 아빠가 사랑해서 낳은 소중한 생명이지.

> 꿈에 대해 이야기하기
>
> # What do you want to be when you grow up?
> 커서 뭐가 되고 싶니?

아이의 장래희망을 묻고, 그와 관련해 이것저것 알아보면서 희망하는 미래 모습을 구체적으로 그릴 수 있게 이끌어주세요.

What's your dream?
네 꿈이 뭐야?

Imagine yourself in 20 years.
20년 뒤의 네 모습을 상상해봐.

What do you want to be when you grow up?
커서 뭐가 되고 싶니?

 I want to be a film director.
영화감독이요.

Really? That is a wonderful dream.
정말? 멋진 꿈이네.

Why do you want to become a film director?
왜 영화감독이 되고 싶어?

 Because it looks fun.
재미있을 것 같아서요.

Do you know what film directors do?
영화감독이 어떤 일을 하는지 알고 있니?

Should we find out how a film director's life is?
영화감독이 하는 일을 알아볼까?

It's okay to change your dream. When I was young, I wanted to be a reporter.
꿈이 바뀌어도 괜찮아. 엄마도 어렸을 땐 기자가 되고 싶었어.

I did not turn out to be a reporter, but I ended up with a priceless experience.
기자가 되진 않았지만, 소중한 경험을 얻었지.

In the end, it opened a lot of options for me.
그 경험은 내게 많은 길을 열어주었단다.

I want you to be happy whatever you do.
　　　　　　　　　　　　　　OR no matter what you do.
엄만 네가 무얼 하든 행복하면 좋겠어.

 **It's okay to ~　~해도 괜찮아**

It's okay to be different from others.　다른 사람과 달라도 괜찮아.
It's okay to make mistakes.　실수해도 괜찮아.
It's okay to start late.　늦게 시작해도 괜찮아.
It's okay to ask for help.　도와달라고 해도 괜찮아.

Chapter 7

English Expressions to Deal with Your Kids' Emotions

아이의 감정을 다루는 영어 표현

학교에 가기 싫다고 할 때

You don't want to go to school?
학교 가기 싫다고?

아이가 등교를 거부하는 데는 나름의 이유가 있을 수 있어요. 등교 거부의 원인을 찾아보고, 아이를 달랠 수 있는 표현을 알아두었다가 활용해보세요.

You don't want to go to school? Can you tell me why?
학교 가기 싫다고? 엄마한테 이유를 말해줄 수 있겠니?

Is it hard for you to catch up with the classes?
수업 내용을 따라가기가 어렵니?

Is anyone bullying you?
누가 널 괴롭히니?

I didn't want to go to school on some days when I was young like you.
엄마도 너처럼 어렸을 땐 가끔 학교 가기 싫었어.

A new environment is strange and hard for everybody.
누구나 새로운 환경에서는 낯설고 힘들어.

Making new friends is not easy.
OR It cannot be easy to get close to new friends.
새 친구들하고 친해지는 것도 어려울 수 있지.

How about trying out for just a period or two?
수업을 한두 시간만 들어보는 게 어때?

Let's stay longer as you get used to the school.
수업이 익숙해지면 점점 시간을 늘려보자.

참을성이 부족할 때

You should wait in line.
줄을 서서 기다려야 해.

제 뜻대로 되지 않거나 조금만 불편해도 화를 내거나 울음 터트리는 아이가 있지요? 쉽게 욱하는 감정을 다스릴 수 있는 표현을 알아두었다가 활용해보세요.

Don't rush. Stay calm and think about it again.
서두르지 마. 침착하게 다시 생각해봐.

Think about what your priority is.
무엇이 먼저인지 생각하렴.

You promised me you would do your homework on time, right?
숙제를 미루지 않겠다고 엄마랑 약속했지?

Don't lose your temper just because things don't go your way.
OR Don't be annoyed that it doesn't go your way.
네 뜻대로 안 된다고 짜증 내면 안 돼.

Even if you get bored, you should wait in line.
지루해도 줄을 서서 기다려야 해.

I know you are angry, but you should think again before you speak.
화난 건 알지만, 말하기 전에 한 번 더 생각해봐.

Count to ten, and then try to talk calmly. One, two, three….
열까지 세고 난 뒤에 침착하게 얘기해보렴. 하나, 둘, 셋 ….

> 무분별하게 스마트폰을 쓸 때
>
> # Ask me before downloading a new app.
> 새로운 앱을 내려받을 때는 엄마에게 먼저 물어보기.

아이의 스마트폰 사용 시간을 줄이고, 유해한 콘텐츠에 노출되지 않도록 스마트폰을 관리하는 방법에 관한 표현을 알아두었다가 활용해보세요.

Finally, you have your smartphone!
드디어 네 스마트폰이 생겼어!

Can you promise me you will take good care of your smartphone?
스마트폰을 잘 관리하겠다고 약속할 수 있니?

We also need to set up rules for your smartphone use.
스마트폰을 사용할 때 규칙도 세워야 해.

First, play games or watch videos on your smartphone for one hour a day.
첫째, 스마트폰으로 게임을 하거나 영상을 볼 수 있는 시간은 하루 한 시간이야.

Second, play games or watch shows only for your age group.
둘째, 네 또래를 위해 만들어진 게임과 영상만 보기.

Third, ask me before downloading a new app.
셋째, 새로운 앱을 내려받을 때는 엄마에게 먼저 물어보기.

Fourth, do not post your number online or give it to strangers.
넷째, 온라인에 네 번호를 올리거나 낯선 사람에게 알려주지 않기.

Fifth, do not answer a call or text from an unknown number.
다섯째, 모르는 번호로 걸려 오는 전화나 문자 메시지에는 답하지 않기.

Sixth, follow your school rules about smartphones.
여섯째, 스마트폰에 관해 학교에서 정한 규칙 따르기.

Seventh, do not take pictures of others without permission.
일곱째, 허락 없이 남의 사진을 찍지 않기.

Eighth, do not take your smartphone when you go to bed.
여덟째, 자러 갈 때 스마트폰을 들고 가지 않기.

Oh, we need to talk about how to share your password, too.
아, 비밀번호를 어떻게 공유할 것인지도 얘기해야 해.

I hope you understand you are too young to manage your password all by yourself.
너무 어려서 너 혼자 비밀번호를 관리할 수 없다는 걸 이해해줬으면 좋겠어.

How exciting to have a smartphone!
스마트폰을 갖게 돼서 정말 신나겠다!

But remember, you still can find fun in many things other than that.
하지만 그것 말고도 많은 것에서 얼마든지 재미를 찾을 수 있다는 걸 기억해.

> 형제끼리 싸웠을 때
>
> # What made both of you fight?
> 무슨 일 때문에 둘이 다툰 거야?

아이의 속상한 마음을 다독이고, 어느 한쪽의 마음이 상하지 않도록 조율하는 과정에서 필요한 표현을 알아두었다가 활용해보세요.

What made both of you fight?
무슨 일 때문에 둘이 다툰 거야?

What was it all about?
OR What was the issue?
왜 그렇게 화가 많이 났니?

You two must be so upset with each other.
둘이 서로 화가 단단히 났구나.

Let's take some time and calm down.
OR Take some time and relax.
잠시 진정할 시간을 갖자.

Are you feeling better? Then come to me.
기분이 좀 나아졌니? 그럼 엄마한테 오렴.

I know. You must have been so mad.
그래, 아주 속상했겠다.

No matter how angry you are, never hit your younger brother.
아무리 화가 나도 동생을 때리면 안 돼.

Don't say bad words like that.
그렇게 나쁜 말을 쓰면 안 돼.

You didn't mean it in a bad way, did you?
너는 나쁜 뜻으로 한 말이 아니었지?

How would you feel if your brother acted the same way?
동생(형)이 똑같이 행동한다면 네 기분이 어떨 것 같니?

Do you want to say sorry to your brother first?
동생한테 먼저 미안하다고 말할래?

Why don't you say sorry if you regret what you said to him?
후회되는 말을 했다면 먼저 사과하는 게 어떨까?

Go and apologize to your sister.
누나한테 살짝 사과하고 와.

Then her anger will dissolve.
OR It will make her feel better.
아마 누나도 화가 풀릴 거야.

What should you do if you don't want to repeat this situation?
이런 상황이 또 일어나지 않으려면 어떻게 해야 할까?

 We should not hurt each other.
서로에게 상처주지 말아야 해요.

You're right. Be kind to others. Then they will be kind to you, too.
네 말이 맞아. 남들한테 친절하게 대하면, 그들도 너한테 친절하게 대할 거야.

무서움을 많이 탈 때

Everyone is scared of something.
누구나 무서운 게 있어.

어둠, 동물, 병원 등 아이가 무서움을 느끼는 대상은 다양합니다. 아이의 두려움을 인정하고, 공감해주는 표현을 알아두었다가 활용해보세요.

Are you afraid of the darkness?
어둠이 무섭니?

Turn on the light. Look, there's nothing scary in the room.
불을 켜봐. 자, 봐. 이 방에 무서운 건 아무것도 없어.

If you're still frightened, let's leave the light on.
그래도 무서우면 불을 켜 두자.

When you are scared, give a tight hug to the teddy bear.
무서울 땐 이 곰인형을 꼭 안아봐.

That's okay. Everyone is scared of something.
괜찮아. 누구나 무서운 게 있어.

Feeling a lot of fear shows you are a very creative person.
　　　　　　　　　　　　　　OR you are full of imagination.
무서움이 많은 건 상상력이 풍부해서 그래.

Are you afraid of that big dog?
저 큰 개가 무섭니?

Don't worry. We can take another way.
　　　　　　　OR We can go to a different place.
걱정하지 마. 다른 길로 가면 돼.

Do you want me to hold your hand?
엄마가 손잡아줄까?

I am next to you, so don't be afraid.
엄마가 옆에 있으니까 무서워하지 않아도 돼.

You will grow brave when you get older.
OR You will become more courageous when you get older.
네가 좀 더 자라면 용기가 생길 거야.

You don't like going to the hospital?
병원 가는 게 싫다고?

I'm afraid of getting a shot.
엄마도 주사 맞는 건 무서워.

If you don't get the shot, you might get sicker later.
OR you will feel more uncomfortable.
주사를 안 맞으면 더 아플 수도 있어.

The nurse will go easy with the shot.
간호사 선생님께서 아프지 않게 놓아주실 거야.

> **거짓말을 할 때**
>
> # Look me in the eyes and tell me again.
> 엄마 눈을 보면서 다시 말해보렴.

아이를 야단치기 전에 아이가 왜 거짓말을 했는지 아이의 마음을 살피는 것이 먼저입니다. 아이의 마음을 안아주고, 실수해도 용서받을 수 있다는 사실을 인지시킬 수 있는 표현을 알아두었다가 활용해보세요.

Why did you tell such a lie?
왜 그런 거짓말을 했니?

Should we talk about why telling a lie is bad?
거짓말을 하면 왜 안 좋은지 얘기해볼까?

Do you remember Pinocchio? He got in trouble after telling lies.
피노키오 기억나니? 거짓말을 하다가 곤경에 처하잖아.

Right, honesty is the best policy.
맞아, 정직이 최선의 방책이야.

If you have done something wrong, it's better to accept it.
OR If you did something wrong, it's better to admit it honestly.
잘못했으면 솔직하게 인정하는 게 좋아.

You may get out of trouble with a lie, but it will complicate things later.
거짓말로 곤경에서 벗어날 수 있을지 몰라도, 나중에는 상황이 더 복잡해질 거야.

Do you want me to make sure what you said is true?
네 말이 맞는지 확인해야 할까?

That's weird. That's not what I know.
이상하다. 그건 엄마가 아는 사실과는 다른데.

Look me in the eyes and tell me again.
엄마 눈을 보면서 다시 말해보렴.

I won't be mad if you tell me the truth.
사실대로 말하면 엄마가 화내지 않을게.

Now that you told me honestly, I understand what you did.
그렇게 솔직하게 말해주니까 엄마도 이젠 네 행동이 이해가 된다.

You feel much better after telling the truth, right?
사실대로 말하고 나니까 후련하지?

You must have felt uncomfortable because of the lie.
거짓말 때문에 마음이 불편했을 거야.

Now that you've told me the truth, I'll forgive you.
이제 진실을 얘기했으니까 엄마도 용서해줄게.

Promise me not to lie again!
다시는 거짓말 안 하기로 엄마랑 약속!

> 화를 내거나 슬퍼할 때
>
> # Let me know when you are ready to talk.
> 네가 얘기할 준비가 되면 엄마한테 말해주렴.

갑자기 화를 내거나 격한 슬픔을 표출하는 아이는 감정 조절이 어려운 경우가 많습니다. 아이 스스로 감정을 조절할 수 있도록 돕는 표현을 알아두었다가 활용해보세요.

Screaming is not going to fix a problem.
OR Yelling doesn't solve anything.
소리를 지른다고 문제가 해결되는 건 아니야.

Tell me why you got so angry.
왜 그렇게 화가 났는지 엄마한테 말해보렴.

How can I help you calm down?
OR How can we soften your heart?
어떻게 하면 네 마음이 누그러질까?

You look so sad. It's okay to cry all you want.
정말 슬퍼 보이는구나. 마음껏 울어도 돼.

Can you tell me why you are in a bad mood?
OR don't feel good?
왜 기분이 좋지 않은지 얘기해줄래?

You don't want to talk now. I understand.
지금은 얘기하고 싶지 않구나. 알았어.

Let me know when you are ready to talk.
네가 얘기할 준비가 되면 엄마한테 말해주렴.

Let's sit down and talk. Take a breath and tell me what happened.
앉아서 얘기해보자. 숨 좀 돌리고 무슨 일인지 말해봐.

It's okay to be honest about your feelings.
네 감정에 솔직한 건 괜찮아.

Do you feel better now?
이제 기분이 좀 나아졌니?

Let me know if you have any problems.
힘든 일이 있으면 엄마한테 얘기해줘.

I'm always here for you, so don't be upset.
OR **I'm always on your side,**
엄만 항상 네 옆에 있어. 그러니까 힘들어하지 마.

Oh no, I am so sorry to hear that.
저런, 그랬구나.

It hurts my heart to see you go through this.
네가 이런 상황을 겪는 것을 보니 마음이 아파.

Come here. I will give you a big hug.
이리 와. 엄마가 꼭 안아줄게.

> **결과가 좋지 않을 때**
>
> # I know that you tried very hard.
> 네가 열심히 노력했다는 걸 엄마도 알아.

결과가 좋지 않아 자존감이 낮아진 상태일 때 아이의 사기를 북돋아 줄 수 있는 표현을 알아두었다가 활용해보세요.

You are upset because the result was not good.
결과가 안 좋아서 속상하구나.

Don't be disappointed. Next time, you will do better.
OR You will do better next time.

실망하지 마. 다음엔 더 잘할 수 있을 거야.

I know that you tried very hard.
네가 열심히 노력했다는 걸 엄마도 알아.

You may want to be perfect.
완벽해지고 싶은 마음은 이해해.

But remember. There is nothing wrong if you are not perfect right now.
하지만 기억해. 지금 네가 완벽하지 않다고 해서 잘못된 것은 없어.

Don't be disappointed with the result. The process is just as necessary.
결과에 실망하지 마. 과정도 그만큼 필요한 거야.

Well begun is half done. Don't worry. Just go for it.
시작이 반이라잖아. 걱정하지 마. 그냥 해보는 거야.

It's okay to fail. What matters is that you are trying.
실패해도 괜찮아. 시도 자체가 의미 있으니까.

I am happy to see that you are doing your best.
OR you are giving your best shot.
엄만 네가 최선을 다하는 모습이 보기 좋아

It's not necessary to stress yourself out about this.
OR You don't have to push yourself too far to go on.
스트레스를 받으면서 계속할 필요는 없어.

If you don't like it, let me know anytime.
OR Feel free to tell me if you don't like it.
싫으면 언제든지 말하렴.

I won't force you when you don't want to do it.
네가 하고 싶지 않을 때는 엄마도 강요하지 않을 거야.

I trust you no matter what you decide.
네가 무슨 결정을 하든 엄만 너를 믿어.

How do we avoid making the same mistake?
같은 실수를 반복하지 않으려면 어떻게 해야 할까?

Do you know you've gotten better than the last time?
OR Do you see yourself getting better each time?
저번보다 좋아진 것 알아? / 매번 나아지고 있는 걸 알겠니?

I believe you have grown as much as you tried.
엄마는 네가 노력한 만큼 성장했을 거라 믿어.

불평불만이 많을 때

Let's focus on the bright side.
장점에 집중하자.

모든 일에 만족하지 못하고 투덜대는 아이의 생각을 긍정적으로 변화시킬 수 있는 표현을 알아 두었다가 활용해보세요.

Tell me what's the matter.
뭐가 문제인지 말해봐.

Complaining will not get you anything.
계속 불평만 하는 건 도움이 안 된단다.

Where's your pretty voice? I only hear a grumpy voice.
네 예쁜 목소리가 어디 갔을까? 투덜이 목소리만 자꾸 들리네.

Stop whining. Tell me what you think politely.
칭얼거리지 말고, 공손하게 말해봐.

Okay. Now I understand what you mean. Let's find some other ways.
좋아. 이제 무슨 말인지 이해했어. 다른 방법을 찾아보자.

My advice is to think about the issue from a different angle.
엄마의 조언은 그 문제를 다른 각도에서 생각해보라는 거야.

Positive thinking will help us to see things differently.
긍정적으로 생각하면 다르게 보일 거야.

Let's focus on the bright side.
장점에 집중하자.

I'll give you another chance to choose.
다시 선택할 기회를 줄게.

There is a saying, "The grass is always greener on the other side."
원래 남의 떡이 더 커 보이는 법이야.

Let's be thankful for what we have.
지금 우리가 가지고 있는 것에 감사하자.

When we have a grateful mind, it leads us to happiness.
감사하는 마음을 가지면 행복해지거든.

 **Tell me what ~**   ~ 하는지 말해보렴

Tell me what you like to eat.   네가 먹고 싶은 걸 말해보렴.
Tell me what you have in mind.   네 생각을 말해보렴.
Tell me what you decided.   네가 결심한 걸 말해보렴.
Tell me what you're going to do.   네가 뭘 할 건지 말해보렴.

약속을 지키지 않을 때

Why is it important to keep a promise?
약속을 지키는 것이 왜 중요할까?

약속을 지키지 않으면 신뢰가 깨질 수 있다는 것을 아이 스스로 깨닫는 게 중요합니다. 약속의 중요성을 인지시킬 수 있는 표현을 알아두었다가 활용해보세요.

Rules are promises we make.
규칙은 우리가 만드는 약속이야.

If I don't follow the rules, no one else will, right?
OR If I don't abide by the rules,
내가 안 지키면 다른 사람도 안 지키겠지?

Did you forget about your promise? You said you are not going to do it again.
다시는 그러지 않기로 약속한 거 잊었니?

You may think this one-time excuse is okay, but it's not.
이번 한 번은 괜찮겠지 하고 생각하겠지만 그건 아냐.

You have to keep your promise except when you can't help it.
어쩔 수 없는 경우가 아니라면 약속은 꼭 지켜야 해.

Can you tell me why you broke the promise?
왜 약속을 어겼는지 엄마한테 말해줄 수 있어?

Keeping a promise is not easy.
약속을 지키는 게 쉽지 않지.

Why is it important to keep a promise?
OR Why do we have to respect our promise?
약속을 지키는 것이 왜 중요할까?

If you keep breaking your promise, people will lose faith in you.
OR people will not trust you.

자꾸 약속을 어기면, 사람들이 널 믿지 않게 된단다.

Do you want to stay friends with someone who doesn't keep their word?

약속을 잘 지키지 않는 친구와 친하게 지내고 싶을까?

Just like at school, there are rules to follow at home.

집에서도 학교처럼 지켜야 할 규칙이 있어.

I as well try to keep our promise.

엄마도 너랑 약속한 건 지키려고 노력한단다.

Can you give me a pinky promise and say you will work for it?

이번엔 꼭 지키겠다고 새끼손가락 걸고 약속할까?

 **Why is it important to ~?** ~ 하는 것이 왜 중요할까?

Why is it important to brush your teeth?   양치질이 왜 중요할까?
Why is it important to read books?   독서가 왜 중요할까?
Why is it important to stay healthy?   건강을 유지하는 것이 왜 중요할까?
Why is it important to do your best?   최선을 다하는 것이 왜 중요할까?

> **자신감이 부족할 때**
>
> # No one is perfect.
> 세상에 완벽한 사람은 없단다.

자신감이 부족한 아이의 경우 새로운 도전을 꺼리고, 유달리 포기가 빠르죠. 부모에게 의존하는 경향도 강하고요. 아이의 자신감을 높여줄 수 있는 칭찬과 격려의 표현을 알아두었다가 활용해 보세요.

Don't give up yet. How about trying one more time?
쉽게 포기하지 말고 한 번 더 해보는 게 어떨까?

Are you nervous? Let's do deep breathing.
많이 긴장되니? 심호흡을 해보자.

It's your first time. It's okay to make mistakes.
처음 하는 거잖아. 실수해도 괜찮아.

Just do it. We all know you will be great.
그냥 해. 우리 모두 네가 잘할 거란 걸 알아.

It is natural that the more you want to do well, the more nervous you become.
잘하고 싶은 마음이 클수록 더 긴장되는 건 자연스러운 일이야.

Great job! Awesome. Where did you get that idea?
　　　　　　　　　　OR **What made you think of that?**
와, 잘했어! 대단하다. 어떻게 그런 생각을 했어?

That's fabulous, too. But how about this?
그것도 멋져. 그런데 이렇게 해보는 건 어떨까?

People say, "The hardest part is starting."
"시작이 가장 어렵다"고들 하잖아.

Let's save our worries and give it a shot.
걱정 말고 해보는 거야.

I don't think you failed at this.
엄마는 네가 실패했다고 생각하지 않아.

You can learn a lot from mistakes.
실수에서 배우는 것도 많단다.

Anybody can make a mistake.
누구나 실수할 수 있어.

No one is perfect.
세상에 완벽한 사람은 없단다.

You can do it. I believe in you.
잘할 수 있을 거야. 엄마는 널 믿어.

상실감을 느낄 때

Koby will be in our hearts.
꼬비는 우리 마음속에 남아있을 거야.

갑작스러운 이별로 상실감을 느낄 때 아이의 슬픔을 인정하고 공감해주는 표현을 알아두었다가 활용해보세요.

I heard your best friend is moving out.
제일 친한 친구가 이사 간다고 들었어.

 Yes. I am so sad.
네, 정말 슬퍼요.

I know. But you can still keep in touch with him.
그래, 하지만 친구와 계속 연락할 수 있어.

No distance can come between true friends.
진짜 친구 사이에 거리는 아무 상관 없단다.

You can stay friends with someone who lives far.
OR **You can keep a friendship with someone who lives far.**
멀리 살더라도 우정을 지킬 수 있어.

Koby crossed the rainbow bridge.
꼬비가 무지개다리를 건넜어.

You know Koby was very sick.
꼬비가 많이 아팠던 거 알잖아.

At least she is not suffering anymore.
적어도 지금은 고통 없이 지내고 있을 거야.

 I hope so. I will miss Koby.
그러면 좋겠어요. 꼬비가 그리울 거예요.

Koby will be in our hearts.
꼬비는 우리 마음속에 남아 있을 거야.

I'm going to organize Koby's pictures. Do you want to help?
꼬비 사진을 정리하려고 해. 도와줄래?

I'm so sorry for the loss of your grandfather.
할아버지께서 돌아가셔서 말할 수 없이 슬픈 심정이야.

I am sure he's in a good place now.
할아버지는 분명히 좋은 곳으로 가셨을 거야.

Let's pray that he rests in peace.
할아버지가 편히 쉬실 수 있도록 기도하자.

Passing is a part of life.
죽음은 삶의 일부야.

Sometimes we need to say goodbye to our loved ones.
가끔은 우리가 사랑하는 사람들과 작별 인사를 해야 한단다.

I know you have a lot of good memories with your grandfather.
넌 할아버지와 좋은 기억이 많잖아.

I hope you find comfort in the joyful memories.
즐거운 기억이 너에게 위로가 되길 바랄게.

책놀이

We'll make a train with some books.
책으로 기차를 만드는 거야.

What do these books have in common?
이 책들의 공통점은 뭘까?

몸놀이

How about we play a new game?
우리 새로운 게임 하나 해볼까?

If I say "Jump," you jump.
'뛰어!' 하면 뛰는 거야.

미술놀이

What shape do you want for your card?
어떤 모양으로 카드를 만들까?

How about folding a paper flower?
종이를 접어서 꽃을 만드는 건 어때?

음악놀이

What song did you learn?
어떤 노래를 배웠어?

We made a great team!
멋진 팀워크야!

Let's try not to be so loud.
소리를 좀 줄여보자.

연극놀이

What role do you want to play?
어떤 역할이 하고 싶니?

Let's get costumes and props.
의상이랑 소품도 같이 준비하자.

Who's going to play the villain?
악역은 누가 할까?

요리놀이

Let's check if we have all the ingredients we need.
빠진 재료는 없는지 확인해보자.

Let's cut the vegetables into bite-sized pieces.
채소는 먹기 좋은 크기로 썰자.

수학놀이

How much is 5 plus 6?
5 더하기 6은 얼마지?

How many dots are there on the top sides?
윗면의 눈이 몇 개 나왔어?

과학놀이

We made boiling lava with baking soda and vinegar.
베이킹소다랑 식초로 끓는 용암을 만들었어.

Let's experiment to create static electricity.
정전기 만드는 실험을 해보자.

말놀이 1: 만약에

Let's think about what makes us happy.
우리를 행복하게 만드는 것들을 상상해보자.

That's a fascinating idea.
정말 흥미로운 상상인걸.

말놀이 2: 공통점 찾기

What do bananas and sunflowers have in common?
바나나랑 해바라기랑 닮은 점이 뭘까?

Can you think of any pairs like that?
이런 짝이 뭐가 더 있을까?

What do they have in common?
공통점이 뭔데?

말놀이 3: 스무고개

Shall we play Twenty Questions?
우리 스무고개 놀이 할까?

Do you remember how to play the game?
어떻게 하는 게임인지 기억하니?

I will guess first.
엄마가 먼저 맞혀볼게.

책 내용 유추하기

Can you find the main character?
누가 주인공 같아?

Where is this story taking place?
어디서 이야기가 펼쳐질까?

Why do you think so?
왜 그렇게 생각해?

번갈아 읽기

MP3 8-13

Let me know if there are any words you don't understand.
모르는 단어가 나오면 엄마한테 물어보렴.

Can you read the next page first?
다음 페이지는 네가 먼저 읽을 수 있겠니?

소리 내서 읽고 생각하기

MP3 8-14

How about reading it aloud?
소리 내서 읽을까?

How do you feel about the story?
이야기가 어땠어?

들으면서 읽기

MP3 8-15

Pay attention to the audio and follow the text with your eyes.
소리가 들리는 대로 눈으로 글을 따라가면 돼.

Listen carefully and point at the part that the storyteller reads.
어느 부분을 읽고 있는지 손가락으로 짚어가면서 들어보자.

듣고 따라 읽기

Repeat what you hear.
오디오와 동시에 읽어보는 거야.

We will go by what we hear.
소리만 듣고 따라 하는 거야.

You don't have to understand what it means exactly.
정확한 의미를 몰라도 괜찮아.

스토리맵 작성하기

Let's fill in the story map.
이야기 지도를 채워보자.

When did the story take place?
이 이야기는 언제 일어났지?

How was the problem resolved?
그 문제가 어떻게 해결됐어?

독서 기록 정리하기

How many books have you read so far?
그동안 네가 읽은 책이 얼마나 될까?

Let's keep up the reading log.
계속 독서목록을 정리해보자.

책 소개하기

Why don't you recommend this book to your friends?
친구들에게 이 책을 소개하는 건 어떨까?

What would you say about the book?
이 책에 대해 뭐라고 말할래?

작가와 소통하기

We can keep up with the author's news by following her social media.
SNS로 작가의 소식을 들을 수도 있어.

Click the Like button on the posts you like.
재미있는 사진에 '좋아요'를 눌러보자.

Do you have any questions to ask the author?
작가한테 질문할 게 있니?

책 읽는 영상 녹화하기

Should I take a video and send it to Dad?
영상을 찍어서 아빠한테 보여줄까?

We'd better keep track of your improvement in English.
네 영어 실력이 점점 느는 모습을 기록하는 게 좋겠다.

알파벳과 파닉스 익히기

Should we learn how each letter sounds?
각각의 알파벳이 어떤 소리를 내는지 알아볼까?

Do you know any words that start with B?
B로 시작하는 단어를 알고 있니?

Let's keep practicing, so we don't forget.
잊어버리지 않게 계속 연습해보자.

라임 찾기

That's because the song comes in rhymes.
노래에 라임이 많아서 그래.

What word ends with the same sound as 'wall'?
'wall' 하고 끝소리가 같은 단어가 뭘까?

단어 찾기 게임

We have many letters in the grid.
격자판에 글자들이 많이 있네.

How many words did you find?
단어를 몇 개나 찾았니?

단어 빙고 게임

We have a 4x4 (four by four) grid.
가로 세로 네 칸씩인 격자판이 있어.

You call out a word first this time!
이번엔 네가 먼저 단어를 말해봐!

문장 수집하기

Did you find any sentences impressive?
이 책에서 인상 깊었던 문장이 있었니?

Keep transcribing your favorite sentences.
좋아하는 문장을 계속 옮겨 적어봐.

일기 쓰기

How about writing what happened today in your diary?
오늘 있었던 일을 일기로 써보는 게 어떨까?

Think about what you did, when, with whom, or where.
네가 무엇을, 언제, 누구와 어디에서 했는지 생각해봐.

이메일 쓰기

Type her email address into the To field.
'받는 사람'란에 이메일 주소를 쓰자.

Write a closing line followed by your full name.
간단하게 끝인사를 하고 네 이름을 쓰면 돼.

온라인 프로그램 이용하기

What are you learning today?
오늘은 어딜 배울 차례니?

Did you get good scores?
점수는 잘 나왔니?

아이와 함께 정보 찾기

In this case, we can do an image search.
이럴 땐 이미지 검색을 할 수 있어.

Scroll to find your search result.
화면을 스크롤해서 검색 결과를 확인해봐.

박물관 방문하기

The museum has prehistoric relics, too.
선사시대 때 유물도 있어.

What was the purpose of this pottery?
이 도자기의 용도가 뭘까?

The object has the QR code, too.
전시물에는 QR 코드도 있어.

미술관 방문하기

Let's see what exhibitions are running these days.
요즘 어떤 전시회들이 열리는지 찾아보자.

What did the artist express?
작가가 뭘 표현한 걸까?

과학관 체험하기

Do you want to find more constellations?
별자리를 더 찾아보고 싶니?

What would the earth look like from outer space?
우주에서는 지구가 어떻게 보일까?

동물원 방문하기

Which animal do you want to see the most?
어떤 동물이 가장 보고 싶어?

What does the sign say?
팻말에 뭐라고 적혀 있니?

공연 관람하기

Should we buy the tickets?
예매할까?

Let's give them a round of applause.
큰 박수를 보내주자.

스포츠 경기 관람하기

Which team are you rooting for?
어느 팀을 응원할 거야?

Team play is crucial in a sports game.
스포츠 경기에선 팀플레이가 아주 중요하단다.

도서관 이용하기

What kind of books do you want to borrow this time?
이번엔 어떤 책을 빌릴까?

Do you need help finding a book?
책을 찾는 데 도움이 필요하니?

여행 준비하기

What do you want to do on our trip?
넌 여행 가서 뭘 하고 싶니?

Did you pack all the things you need?
필요한 건 다 챙겼니?

생일 파티에 친구 초대하기

What should we prepare for the party food?
파티 음식은 뭘로 준비할까?

I will prepare your favorite chocolate cake.
케이크는 네가 좋아하는 초코 케이크로 준비할게.

Thank you for inviting us.
초대해주셔서 감사합니다.

크리스마스 파티 준비하기

Should we decorate our Christmas tree?
크리스마스트리를 꾸밀까?

What will Santa Clause give you?
산타 할아버지가 어떤 선물을 주실까?

핼러윈 축제 즐기기

Let's dress up and scare people.
옷을 차려입고 사람들을 놀라게 하자.

What character would you like to be?
어떤 캐릭터가 되고 싶니?

설날맞이

It's Lunar New Year's Day.
설날이네.

Why don't we practice Sebae before going out?
나가기 전에 세배 연습을 해볼까?

What do we say for New Year's greetings?
새해 인사는 어떻게 하지?

추석맞이

Do other countries have holidays like Chuseok?
다른 나라에도 추석이 있을까?

Let's make a wish to the full moon.
보름달을 보며 소원을 빌자.

등교 준비하기

Did you pack everything you need for today?
오늘 필요한 준비물은 다 챙겼니?

Are you taking your homework with you?
숙제한 것도 챙겼어?

Take a look at your class schedule and make sure.
수업 시간표를 보고 확인해봐.

학교생활 묻기

How was your day?
오늘 하루는 어땠니?

Which subject was interesting?
어떤 과목이 재미있었니?

How was your school lunch?
급식은 잘 먹었니?

숙제하기

You should do your homework before watching TV.
TV 보기 전에 숙제부터 해야지.

Please take notes on what to do in your homework diary!
해야 할 일은 알림장에 꼭 쓰도록 해!

발표하기

Let's organize the ideas you want to present.
발표할 내용을 정리해보자.

Your presentation is getting better.
발표 실력이 정말 많이 늘었네.

친구랑 사이좋게 지내기

Who is your best friend in your class?
너희 반에서 제일 친한 친구는 누구니?

How do you play with your classmates?
반 친구들이랑 뭐하고 놀아?

방학 계획 세우기

Be careful not to make your plans too tight.
계획을 너무 빡빡하게 세우지 않도록 조심해.

You should make plans that you can follow.
실천할 수 있는 계획을 세워야 해.

현장학습 참여하기

How was your field trip today?
오늘 현장학습 어땠어?

How about completing your field trip report?
현장학습 보고서를 완성해볼까?

운동회 참여하기

Are you on the Blue Team or White Team?
넌 청팀이야, 백팀이야?

What event are you joining?
어떤 종목에 참가하니?

집안일 돕기

We need to clean the house. Can you help me a little?
집 청소를 해야겠어. 엄마 좀 도와줄래?

You were so helpful.
네가 큰 도움이 됐어.

건강에 좋은 습관 기르기

Make sure you lather enough with the soap.
비누 거품을 충분히 내자.

Don't pull your mask down just because it's uncomfortable.
숨 쉬기 불편하다고 마스크를 내리면 안 돼.

교통안전 지키기

Don't play or run on the stairs.
계단에서는 장난치거나 뛰면 안 돼.

You can cross the street when the light turns green.
신호등이 초록불로 바뀌면 건널 수 있어.

Never play with your cell phone when you are walking on the street.
길을 걸을 땐 절대 핸드폰을 보면 안 돼.

경제관념 키우기

Let's make a list of household chores.
집안일 돕기 목록을 써보자.

You need to open your account.
네 은행 계좌를 개설해야 해.

반려동물 돌보기

Having a pet requires commitment.
반려동물을 기르는 데에는 책임감이 필요해.

Can you promise me you will take good care of Koby?
꼬비를 잘 돌봐주기로 엄마와 약속할 수 있니?

환경에 대해 생각하기

The earth has become warmer, and glaciers are melting.
지구가 뜨거워져서 빙하가 녹고 있어.

We should start with small things we can do.
우리가 할 수 있는 작은 일부터 실천하는 거야.

성에 대해 이야기하기

Why do boys and girls look different?
남자랑 여자랑 왜 다르게 생겼어요?

What do you say if someone touches your body without your permission?
다른 사람이 허락 없이 네 몸을 만진다면 어떻게 말해야 할까?

You should say, "I don't like that. Stop it!"
이렇게 말해야 해. "싫어요. 안돼요!"

꿈에 대해 이야기하기

What do you want to be when you grow up?
커서 뭐가 되고 싶니?

I want you to be happy whatever you do.
엄만 네가 무얼 하든 행복하면 좋겠어.

학교에 가기 싫다고 할 때

You don't want to go to school? Can you tell me why?
학교 가기 싫다고? 엄마한테 이유를 말해 줄 수 있겠니?

Is anyone bullying you?
누가 널 괴롭히니?

참을성이 부족할 때

Don't lose your temper just because things don't go your way.
네 뜻대로 안 된다고 짜증 내면 안 돼.

Count to ten, and then try to talk calmly.
열까지 세고 난 뒤에 침착하게 얘기해보렴.

무분별하게 스마트폰을 쓸 때

We also need to set up rules for your smartphone use.
스마트폰을 사용할 때 규칙도 세워야 해.

We need to talk about how to share your password, too.
비밀번호를 어떻게 공유할 것인지도 얘기해야 해.

형제끼리 싸웠을 때

What made both of you fight?
무슨 일 때문에 둘이 다툰 거야?

Don't say bad words like that.
그렇게 나쁜 말을 쓰면 안 돼.

무서움을 많이 탈 때

When you are scared, give a tight hug to the teddy bear.
무서울 땐 이 곰인형을 꼭 안아봐.

Do you want me to hold your hand?
엄마가 손잡아줄까?

거짓말을 할 때

Look me in the eyes and tell me again.
엄마 눈을 보면서 다시 말해보렴.

Promise me not to lie again!
다시는 거짓말 안 하기로 엄마랑 약속!

화를 내거나 슬퍼할 때

Tell me why you got so angry.
왜 그렇게 화가 났는지 엄마한테 말해보렴.

Let me know when you are ready to talk.
네가 얘기할 준비가 되면 엄마한테 말해주렴.

결과가 좋지 않을 때

I know that you tried very hard.
네가 열심히 노력했다는 걸 엄마도 알아.

What matters is that you are trying.
시도 자체가 의미 있으니까.

불평불만이 많을 때

Complaining will not get you anything.
계속 불평만 하는 건 도움이 안 된단다.

Let's be thankful for what we have.
지금 우리가 가지고 있는 것에 감사하자.

약속을 지키지 않을 때

Rules are promises we make.
규칙은 우리가 만드는 약속이야.

Can you give me a pinky promise and say you will work for it?
이번엔 꼭 지키겠다고 새끼손가락 걸고 약속할까?

자신감이 부족할 때

It's okay to make mistakes.
실수해도 괜찮아.

Let's save our worries and give it a shot.
걱정 말고 해보는 거야.

You can learn a lot from mistakes.
실수에서 배우는 것도 많단다.

상실감을 느낄 때

Koby will be in our hearts.
꼬비는 우리 마음속에 남아 있을 거야.

I am sure he's in a good place now.
할아버지는 분명히 좋은 곳으로 가셨을 거야.

Epilogue

　후속작에 대한 요구는 2000년 《Hello 베이비 Hi 맘》이 나오고, 그 책을 통해 아이 입이 터지는 것을 경험한 독자들이 생기기 시작했을 무렵부터니 꽤 오래된 셈이다. 아이에게 해주고 싶은 말을 이 책을 통해 배웠다는 감사 인사와 함께 다음 단계도 제시해줬으면 좋겠다는 요청을 들을 때마다 부담감과 책임감이 동시에 몰려왔다. 독자들의 목소리에 답하고 싶은 마음이야 굴뚝 같았지만, 일일이 핑계를 대기도 어려울 만큼 많은 일에 파묻혀 살다 보니 시간이 훌쩍 지났고, 책 속에 등장했던 우리 집 아이들은 어느새 성인이 되었다.

　《Hello 베이비 Hi 맘 2》를 내겠노라고 독자들에게 처음 알린 뒤로 출간까지 무려 4년이란 시간이 걸렸다. 독자들의 기대와 믿음에 보답하기 위해 원고 작업에 많은 공을 들였기 때문이다. 우리말과 영어의 문화적 차이, 표현의 차이를 좁히기 위해 수많은 자료 조사는 기본이고, 집에서 아이와 영어로 소통할 때 바로바로 써먹을 수 있는 유용한 표현을 담고자 노력했다. 《Hello 베이비 Hi 맘 1》의 형식을 따르면서도 전작과의 차별화를 위해 구성과 내용을 수정하기를 다반사. 좀 더 완성도 높은 책을 독자들에게 선보이기 위해 시간과 노력을 아끼지 않았다.

전작과 마찬가지로 이 책의 담긴 표현 중 단 한 가지도 허투루 쓴 게 없다고 자부한다. 여러 가지 선택지가 있는 단어, 이렇게도 저렇게도 쓸 수도 있는 문장 중에서 최선의 것을 찾기 위해 김린 선생님, 박미화 편집자님과 끊임없이 상의하고, 만나서 토론하고, 화상회의를 통해서 원고를 다듬고 또 다듬었다. 그뿐이랴, 퇴고 단계에서 뉴욕에 거주 중인 한영 전문통번역가 김수진 씨와 윤보영 씨의 도움으로 현지 언어 감성을 담아낸 것도 이 책에 대한 자신감을 더해주는 이유다.

초안과 차례를 보고 오랫동안 기다렸던 독자들에게 단비와도 같은 책이 될 거라며 힘을 실어주신 홍현주 박사님, 새벽달 남수진님, 현서아빠 배성기님, 조이스 박 선생님, 이보영 선생님께도 이 글을 빌어 다시 한번 감사의 인사를 전한다. 아울러 《Hello 베이비 Hi 맘》으로 엄마표 영어를 실천한 따스 이은주 선생님의 첫째 동빈이가 이 책의 아역 성우로 참여해준 것도 얼마나 뜻깊고 감사한 일인지 모른다.

에필로그를 쓰는 지금 솔직히 고백하자면, 수정에 수정을 거듭하느라 끝이 보이지 않은 원고 작업에 지치고, 가끔은 포기하고 싶은 마음이 들기도 했다. 그럴 때마다 나를 다잡아줬던 건 소셜미디어에서, 온라인 카페에서, 혹은 현장에서 만났던 독자들의 기대와 격려의 말이었다. 이 책을 기다리는 분들의 간절함, 따뜻한 언어를 매개로 내 아이와 소통하고 싶다는 뜨거운 진심이 고스란히 전해진 덕분에 원고를 마무리 지을 수 있었다. 마음 같아선 한 분 한 분 직접 만나 뵙고 감사의 인사를 전하고 싶지만, 상황상 그러하지 못해 글로나마 고맙다는 말씀을 드린다.

낯선 언어를 도구로 사용한다는 것이 얼마나 어려운 일인지 잘 알면서도 내 아이에게 의미 있는 일이라면 힘든 줄 모르고 계속해나갈 힘이 샘솟는다는 것 또한 누구보다 잘 알고 있기에 겁도 없이 엄마표 영어를 시작하는 부모님께 당당하게 이 책을 권한다. 물론 이 책을 펼친 분들 중에는 영어 왕초보도 있을 것이고, 집에서 아이에게 직접 영어를 가르치다 중도 포기한 분도 있을 것이고, 아예 엄마표 영어가 갖는 효용 자체에 의심을 품는 분도 있을 것이다. 그러나 지난 22년간 《Hello 베이비 Hi 맘》으로 엄마표 영어에 도전한 부모님과 아이들의 놀라운 변화를 옆에서 지켜본 수많은 경험으로 자신 있게 말할 수 있다. 조금 힘들어도 내 아이를 위해 기꺼이 책을 들고 공부하는 수고로움은 감수할 만하다고. 꾸준히 하다 보면 그 수고가 보람으로 이어질 거라고 말이다.

    여전히 재미없는 일은 하기 싫어라 하는 성격에도 또 한 권의 책을 낼 수 있었던 것은 돌아가시기 직전까지도 라틴어 공부에 열중하셨던 아버지의 학구열을 조금이나마 물려받은 덕분이라 믿으며, 하늘에서 흐뭇하게 지켜보고 계실 아버지께 이 책을 바친다.

서현주

이 책에 도움을 주신 분들

윤보영
10대 때 미국으로 이주해 대학에서 PR을 전공했습니다.
현재 뉴욕주 하원의원 보좌관으로 재직 중이며
다양한 행사에 통번역가로도 활동하고 있습니다.

김수진
한국에서 영어교재개발을 전공했고
미국에서 인류학으로 석사 학위를 받았습니다.
현재 뉴욕시에 거주하며 전문번역사와 교재개발자로
활동하고 있습니다.

Hello 베이비 Hi 맘 2

Copyrights for text ⓒ 김린·서현주, 2022 Copyrights for editing & design ⓒ ㈜도서출판 한울림

글쓴이 | 김린·서현주   일러스트 | 김푸른
펴낸이 | 곽미순   편집 | 박미화   디자인 | 김민서

펴낸곳 | ㈜도서출판 한울림   기획 | 이미혜   편집 | 윤도경 윤소라 이은파 박미화 김주연
디자인 | 김민서 이순영   마케팅 | 공태훈 윤재영   경영지원 | 김영석
출판등록 | 1980년 2월 14일(제2021-000318호)
주소 | 서울특별시 마포구 희우정로16길 21
대표전화 | 02-2635-1400   팩스 | 02-2635-1415
블로그 | blog.naver.com/hanulimkids
페이스북 | www.facebook.com/hanulim   인스타그램 | www.instagram.com/hanulimkids

1판 1쇄 펴냄   2022년 11월 25일
　　2쇄 펴냄   2022년 12월 2일

ISBN 978-89-5827-141-3 13590

이 책은 저작권법에 따라 보호받는 저작물이므로, 저작자와 출판사 양측의 허락 없이는
이 책의 일부 혹은 전체를 인용하거나 옮겨 실을 수 없습니다.
*잘못된 책은 바꿔드립니다.

Worksheet 1

Lab Report

과학놀이 30~31p

Project

Hypothesis (What I Predicted)

Experiment Materials

Procedures (What I Did)
1
2
3

Observation (What I Saw)

Results (What I Found)

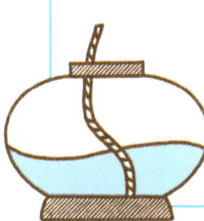

스토리맵 작성하기 50~51p

Worksheet 2

Story Map 1

Book Title _____

Characters

Setting

Problem

Solution

스토리맵 작성하기 50~51p

Story Map 2

What is the setting?

Who are the important characters?

What is the plot?

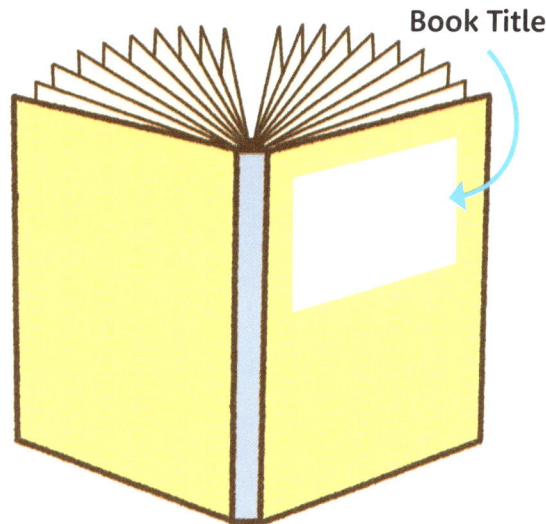

Book Title

What problem does the story have?

How is the problem solved?

My Reading Log

독서 기록 정리하기 52~53p

Book Title	Author	Date	Rating
The Princess and the Dragon	Audrey Wood	10/25	9/10

Word Search: Fruits

단어 찾기 게임 66~67p

peach kiwi banana strawberry apple watermelon pear
orange lemon grape persimmon plum cherry mango fig

P	E	R	S	I	M	M	O	N	F	O	C	K
L	D	I	H	U	G	T	P	W	R	I	N	E
U	K	E	B	R	O	P	E	A	C	H	G	F
M	A	N	G	O	K	W	U	T	N	N	R	H
I	E	F	T	J	I	R	Z	E	A	J	A	B
S	S	T	R	A	W	B	E	R	R	Y	P	A
H	O	Y	E	P	I	S	O	M	Q	I	E	N
C	L	B	I	P	V	Y	U	E	A	D	H	A
U	A	N	G	L	E	P	G	L	E	M	O	N
M	S	O	K	E	T	A	S	O	W	L	M	A
C	H	E	R	R	Y	E	R	N	F	C	H	E

정답 84p

Word Search: Vegetables

단어 찾기 게임 66~67p

pumpkin zucchini potato corn eggplant onion pepper tomato
radish carrot salary leek pea bean spinach beet garlic lettuce

E	N	T	O	P	E	P	P	E	R	K	H	A
S	C	O	R	N	L	Y	R	A	L	A	S	C
L	R	M	G	T	E	E	B	T	P	S	P	O
P	E	A	M	U	I	O	E	Y	U	L	I	W
K	A	T	C	Q	A	T	A	K	M	Z	N	E
U	P	O	T	A	T	O	N	Z	P	X	A	P
E	D	R	I	U	R	W	I	U	K	J	C	I
G	A	R	L	I	C	R	A	D	I	S	H	H
O	N	I	O	N	Y	E	O	E	N	C	V	M
P	E	G	G	P	L	A	N	T	S	F	N	B
Y	O	H	L	Z	U	C	C	H	I	N	I	P

정답 84p

Word Bingo: Job

politician gamer pilot detective teacher firefighter professor
florist author actor doctor cook lawyer engineer scientist
reporter baker diplomat architect captain nurse farmer painter
sportsperson photographer astronaut musician barista librarian

My Diary

It was _____ today.
- rainy
- sunny
- cloudy
- snowy

I wore _____ today.
- a shirt
- a skirt
- pants
- a dress

I ate _____ today.
- rice
- noodle
- spaghetti
- chicken
- a hamburger

I _____ today.
- went to school
- played ball
- went swimming
- played with my friend
- went to the park

I felt _____ today.
- happy
- sad
- bored
- angry

It was _____ today.

I wore _____ and I ate _____ .

I _____ and I felt _____ today.

Worksheet 9

일기 쓰기 76~77p

Write Your Own Diary

Monday Tuesday Wednesday Thursday Friday Saturday Sunday

sunny cloudy rainy windy snowy hot cold   7 8 9

a shirt pants a skirt a dress shorts a T-shirt

rice bread and butter pizza a hamburger meatballs

studied hard played with my friends went to the movie
went to school went to the park went to the museum

English math soccer how to draw how to play the piano

What day is it today?	➡	Today is _____.
How's the weather today?	➡	It was _____.
When did you get up today?	➡	I got up at _____.
What did you wear today?	➡	I wore _____.
What did you eat today?	➡	I ate _____.
What did you do today?	➡	I _____.
What did you learn today?	➡	I learned _____.

Science Program Registration Form

You Child's Full Name _____ Age _____ Gender M ☐ F ☐

Parent's Name _____

Address _____

Phone Number _____

Email Address _____

Please check one class your child will join:

☐ Making a Balloon Rocket (Ages 5-6)

☐ Exploring Magnets (Ages 6-7)

☐ Density Experiment (Ages 6-7)

☐ DIY Science Lab (Ages 7-9)

I give my consent for my child _____ **to participate in the science program.**
(Your Child's Name)

Child's Name _____

Parent's Name _____   _____
   (Print Name)   (Singature)

여행 준비하기 100~101p

My Travel Plan

Destination (Address)

Things to Pack

Places to Visit

1.

2.

3.

Food to Eat

1.

2.

3.

Things to Buy

1.

2.

3.

Worksheet 12

Birthday Invitation

생일 파티에 친구 초대하기 102~103p

You are invited to my
BIRTHDAY PARTY

To

Date

Time

Address

RSVP

My Daily Routine During Vacation

8:00	
8:30	
9:00	
10:00	
11:00	
12:00	
3:00	
5:00	
7:00	
9:00	

get up   make bed   wash hands   brush teeth   get dressed   eat breakfast
eat lunch   eat snack   eat dinner   do school work   watch TV
take a walk   jump rope   read a book   free time   go to bed

Summer Bucket List

방학 계획 세우기 126~127p

- ☐ Sleep in a tent
- ☐ Go to the zoo
- ☐ Watch fireworks
- ☐ Go to the movies
- ☐ Make ice cream
- ☐ Go to the library
- ☐ Make pizza
- ☐ Write summer letters
- ☐ Visit my grandmother
- ☐ Read the Harry Potter books
- ☐ Go to an amusement park
- ☐ Go swimming
- ☐ Go to a water festival
- ☐ Visit an art museum

Field Trip Report

현장학습 참여하기 129p

Location

Date

What Did I See?

1.

2.

3.

My Favorite Part

My Rating

☆☆☆☆☆

What Did I Learn?

A Picture from the Trip

photo

Worksheet 16

경제관념 키우기 140~141p

Chore Chart

	M	T	W	T	F	S	S
Make bed							
Vacuum							
Wash dishes							
Feed pets							
Fold clothes							
Water plants							
Pick up toys							
Clean table